JN408694

흔들린
민주주의

김제방 역사서사시집

문학공원 시선 193

흔들린 민주주의

김제방 역사서사시집

대한민국 역사를 보여주는 詩

세상이 왜 이래? 이 시대의 명제(命題)일지도 모른다
대전환기로 국가체제가 흔들리고 있다
역사를 되돌아봐도 세상이 여러 번 바뀌었고
사회주의가 붕괴된 지 30여년 만에
이번에는 민주주의체제가 흔들리고 있다

문학공원

서시

세상이 왜 이래?
이 시대의 명제(命題)일지도 모른다
대전환기로 국가체제가 흔들리고 있다
역사를 되돌아봐도 세상이 여러 번 바뀌었고
사회주의가 붕괴된 지 30여년 만에
이번에는 민주주의체제가 흔들리고 있다
미주주의 본향 미국 본토에서다
민주사회 건설이 재벌총수나 노숙인이나
같은 1표라는 역설적인 불공정사회를
만들어 버렸기 때문일까
숫적 열세가 그렇게 만들었다
사장은 하나고 노동자는 수백 명 - 수천 명
법도 사장을 옥죄고 노동자 권익을
옹호하는 게 민주주의라고 강변한다
이런 민주주의 기운은 소진돼가고 있다
국가체제(國家體制)가 바뀌어야 한다
차제에 '우리도 한번 잘살아보세'를 외친
박정희 대통령의 "구국주의(救國主義)"
"국가주의(國家主義)"라고 해도 좋다

국가관(國家觀)을 체계화해 보급하면
어떨까? “구국주의”는 중국 덩샤오핑이
채택함으로써 그 우수성이 입증되었고
중국은 G2국가로 미국과 겨루고 있다
여타 개발도상국도 ‘새마을 운동’으로
성공하고 IT와 K-pop에 이르기까지
우수성을 보였다
그 기초를 닦아준 박정희 대통령에게
관심을 돌려야 하는 이유다
위계질서가 무너진 사회
방만해진 사회
밑으로의 평준화
이런 것들이 민주주의를 어렵게 했다
앞으로 한 사람이 수십만 명을 먹여
살리는 능력위주의 시대로 바뀌고 있다
중세 유럽의 흑사병이 사회를 변모시켰듯
우리는 지금 코로나19 시대를 살고 있다
천년 역사의 동로마제국을 오스만 터키의
21세 청년 메메트2세가 무너뜨린
역사를 직시(直視)해야 한다

차례

2부. 문재인 대통령의 사과

3부. 미국은 바나나공화국

4부. 접종백신 강국 이스라엘

차례

5부. 대변혁의 시대

1부

세상이 왜 이래?

트럼프는 무책임의 극치

조 바이든 미국 대통령 당선인이
2020년 11월 19일 미국의 하루
신종 코로나19 확진자가 20만 명에 근접하는데도
정권 인수인계에 협조하지 않는
도널드 트럼프 대통령을 향해
“미 역사상 가장 무책임한 대통령”이라며
“국민이 엄청난 무책임의 극치를 보고 있다”고 비판했다
바이든 당선인은
“대통령의 불복이 민주주의의 작동에 관해
전 세계에 엄청나게 해로운 메시지를 보낸다”고 비난했다

전두환 자택압류

전두환 전 대통령은 1997년 반란수괴 등의 혐의로
무기징역과 2,205억 원의 추징금을 확정받았다
검찰은 이 판결에 기초해
2013년 전두환 대통령과 가족이 사는
연희동 자택에 대해 압류 처분하고
이후 검찰이 이를 경매로 넘기려하자
그의 가족들이 법원에 이의를 제기해
현재 연희동 자택은 본채와 정원 별채가
모두 소유자가 다르다
본채는 부인 이씨 정원은 비서관의 소유다
별채의 땅과 건물은 며느리 이씨 것으로
복잡하게 얽혀있어
검찰은 다각도로 대책을 검토하고 있다

전두환 동상 훼손

충북 청주시 청남대의
전두환 전 대통령 동상 목 부위를
줄 톱으로 자르던 50대 남성이
2020년 11월 19일 현행범으로 체포됐다
그는 경찰에서 자신을 5·18관련단체 회원이라며
"전두환 목을 서울 서대문구 연희동으로 보내려고 했다"고 한다
금년 5월 5·18민중항쟁기념사업회가
"국민 휴양지에 군사 반란자들의 동상을 두는 것은
부끄러운 일"이라며 동상 철거를 요구하였으나
충청북도는 철거를 검토했지만
최근 존치하기로 가닥을 잡은 것으로 알려졌다

G20정상회의 트럼프

2020년 11월 21일 G20정상회의국인
사우디아라비아의 살만 빈압둘라스 국왕이
개회사를 시작했다
트럼프 미국 대통령은 회의 도중
“선거사기” 트윗을 올리고 골프를 치러가
마지막으로 국제회의에 참석한 미국
대통령의 행동이 무책임하다는 비판을 받고 있다
특히 코로나19 팬데믹 대응을 주제로 진행된
세션을 건너뛰었다
미국의 20일 하루 코로나19 확진자는
204,179명으로 집계됐다
미국의 누진확진자는 12,450,000명
사망자는 26만여 명에 달한다
트럼프 행정부가 사실상 방역조차 손을
놓은 가운데 미국 대선을 전후해
대규모 집회가 잇따라 열렸고
트럼프 대통령 장남도 코로나19에 감염됐다

포스트 코로나시대

대통령 직속 정책기획위원회와 중앙일보가
11월 20일 개최한
'2020포스트 코로나 뉴노멀 콘퍼런스'에서
정세균 국무총리는
"코로나19 바이러스는 우리의 일상은 물론
인류가 쌓아온 문명을 뿌리째 흔들고 있다"며
"정부는 완전히 달라진 세상에 대처하기 위해
디지털 뉴딜·그린 뉴딜·지역균형 뉴딜을
3대축으로 한국판 뉴딜을 시작했다"고 밝혔다
정병탁 서울대 인공지능(AI)연구원장은
"10년간 일어날 일이 1년 만에 일어나고
있는 큰 변화의 시기"라고 말하면서
"코로나19가 휩쓸어버린 지난 1년 동안
한국과 세계는 전례 없는 대대적 변화에 직면했다"
고 말했다

추 법무와 윤 총장

추미애 법무부장관이 결국
윤석열 검찰총장에 대해 징계를 청구하고
직무집행정지 명령을 내렸다
현직 검찰총장에 대한 직무배제는 헌정사상 초유의 일로
윤 총장 측은 즉각 "위법·부당한 처분이라며
법적으로 대응하겠다"고 반발하면서
추 장관이 밝힌 징계청구 사유들을 조목조목 반박했다
윤 총장을 몰아내기 위해 숱한 억지와 술책을 펼쳐온
추미애 법무부장관이
결국 전례가 없는 검찰총장 집무집행 정지를 명령했다고 해서
"한 번도 경험 못한 장권"이라는 평가가 나온다

바이든 당선 공식선언

2020년 11월 23일 미국 연방총무청이
조 바이든 미 대통령 당선인의
대선 승리를 공식적으로 인정하고
정권 인수인계 작업에 대한 지원에 착수했다
도널드 트럼프 대통령도
사실상 패배를 인정하면서
대선 불복 논란도 일단락되었다
바이든 당선자는 초대 재무장관으로
재닛 옐런 전 연방준비제도 의장을 내정
미국 뉴욕증시의 다우존스 산업평균지수(다우지수)가
124년 역사상 처음으로 '30,000고지'를 넘어
'바이든 효과'라는 말이 나오고 있다

검난(檢亂)

추미애 법무부장관이 윤석열 검찰총장에 대한
징계 청구와 함께 직무집행정지를 명령한
사상 초유의 사태를 놓고
고검장 6명 전원과 전국 지검장 15명이
"윤석열 직무배제 우려"라고 했고
평검사도 "장관 정치 중립 지켜야" 등 집단 반발했다
이낙연발 '윤석열 국조' 야당이 좋다 하자
여당은 떨떠름하다
더불어민주당은 "진상규명 말한 것"이라 톤을 낮췄고
당내에선 "이 대표 성급한 카드 꺼내" 등
갈팡질팡하고 있다

김정은의 이상 징후

김정은 통치행위 이상 징후
해외물자 반입했다고 처형-봉쇄하고
국정원은 "북 심상치 않다"는 등
국정원이 2020년 11월 27일
국회 보고에서 이례적으로
"김정은 북한 국무위원장이 최근
비합리적인 대응을 하고 있다"고 밝힐 정도로
북한 사정이 지금까지 알려진 것 이상으로
심상치 않다는 관측이 나오고 있다
김정은이 환율 급락을 이유로
10월 평양의 '거물 환전상'을 처형하고
바닷물을 통한 코로나19 확산을 막기 위해
어로와 소금 생산을 중단시키는 등
김정은이 과잉 분노를 표출하고
상식적이지 않은 조치를 했다고 한다

대통령의 침묵

대한민국 법무부 장관과
검찰총장이 혈투를 벌이고 있다
5선인 더불어민주당 이상민 의원조차
"쓰레기 악취가 나는 싸움이 지긋지긋하다"
고 했고 참여연대도 "국민의 염증과
피로감이 표현하기 어려울 정도"라며
"대통령이 결자해지하라"고 촉구했다
"추미애 지시 법치 위반"에
전체 평검사 1,789명 중 1,761명이
추미애 장관의 윤석열 검찰총장
직무집행정지(직무배제) 처분에 항의성명을 발표하였다
나머지 28명도 11월 30일 성명을 발표할 예정이다
그러나 문재인 대통령은 입을 다물고 있으며
여당은 오만하고 야당은 무력하다
혼돈을 벗어날 출구가 없다는 것이다

무치의 운동권 독재

일찍이 니체는 이렇게 경고했다
"괴물과 싸우다가 괴물이 되지 말라"
2020년 대한민국의 집권세력에게서
그 괴물의 모습을 본다
'독재'라는 괴물과 싸우다가 자신도
모르게 독재에 물든 목적을 위해서라면
모든 수단을 합리화하는 좌파운동권
논리가 체화(體化)된 그들
권력을 쥐고서도 "목적이 수단을 합리화한다"는
위험한 비민주적 도그마에 사로잡혀 폭주하고 있다
그런데 그 목적이란 뭔가?
말이 좋아 '주류세력 교체'지
이미 법·사법·행정 3권을 사실상 장악하고
주류세력 교체를 이룬 터에 걸리적거리는
거라면 뭐든 휩쓸어버리고 가겠다는
식으로 내달리는 이유는
한가지로밖에는 설명되지 않는다
한번 잡은 권력을 결단코 다시는
놓치지 않겠다는 지독한 권력욕
문재인 대통령이 이 땅에 만든
'한 번도 경험 못한 나라'를

이대로 쭉 끌고 가겠다는 것이다
그래서 권력을 지키고 선거에
이기기 위해서라면 식언(食言)을 밥 먹듯 하고
말 뒤집기쯤은 예사이며 궁지에 몰려도
궤변으로 말 같지 않은 변명을 늘어놓고
그래도 안 되면 안면몰수하고
'생각이 바뀌었다 어쩔래'한다
듣는 사람은 숨이 턱 막히지만
자신들은 책임감을 느끼기는커녕 '사람사는 세상'
아니 '우리만 사는 세상'을 만드는
목적달성을 위해서라면 무슨 수단을 써도
좋다고 자기 합리화를 한다
그러니 부끄러운 줄도 모르고 마냥 당당한 것이다
지금 이 나라에서 벌어지는 아수라장도
'문파 장기집권'의 탄탄대로를 까는데
돌멩이처럼 삐죽 튀어나와 걸리적거리는
사람을 쓸어버리고 가려다가 일이 커진 것이다
아무리 문재인 대통령이 직접
"살아있는 권력에 대해서도 엄정하라"고 했다고
감히 손대다니… 알아서 기지 않는 검찰총장처럼
'아름답고 평화로운 문재인 나라'를 세우는데
거슬리는 존재도 없을 것이다
이미 살아있는 권력에 대한 수사는 사실상
멈췄다고 동아일보 박세균 칼럼은 말한다
알고 보면 이들 세력이 민주화세력으로 포장해서

민주화운동을 벌였다고 자랑해온 사람들이다
양두구육(羊頭狗肉)이란 말이 있다
이들을 위해 우리 조상들이 미리
만들어놓은 것은 아닐까

원고는 누가 쓰는가

문재인 대통령은 2020년 11월 30일
"공직자들은 소속 부처나 집단의 이익이 아니라
공동체의 이익을 받드는 선공후사 자세로
위기를 넘어 격변의 시대를 개척해 나가야 한다"고 밝혔다
추미애 법무부 장관의
윤석열 검찰총장 직무배제·사퇴와 관련해
윤 총장과 검찰에 경고메시지를 보낸 것이다
앞서 정세균 국무총리가 문 대통령을 만나
추 장관과 윤 총장의 동반사퇴 필요성을 거론한 상황에서
일단 윤 총장이 먼저 사퇴해야 한다는 메시지를 낸 것으로 보인다
문 대통령은 청와대 수석·보좌관회의를 주재하며
원고를 치켜들고 읽어 내려갔다
늘 원고를 읽는 대통령!
썩 좋아 보이는 장면은 아닌 것 같다

전두환 유죄

법원이 사자명예훼손 혐의로 기소된
전두환 전 대통령(89)에게 징역 8개월에
집행유예 2년을 선고하며
"5·18당시 군 헬기사격이 있었던 사실이 인정된다"
고 밝혔다
광주지법 형사단독 김정훈 부장판사는
전 대통령의 2017년 회고록에서
헬기사격을 목격했다고 증언한 고 조비오 신부를
"파렴치한 거짓말쟁이"라고 비난
명예를 훼손했다며 유죄판결 했다
부인 이순자(81) 여사와 함께
이날 선고공판에 출석한 전두환 대통령은
70분가량 재판 진행되는 동안
거의 눈을 감고 꾸벅꾸벅 조는 모습을 보였다
더불어민주당은 "5·18 피해자와 유가족, 광주시민이
그간 받은 고통에 비하면 턱없이 부족한 형량"이라며
국회에 계류 중인 '5·18역사왜곡처벌법' 등
관련법안의 조속한 통과를 위해 노력하겠다고 밝혔다

윤석열 복귀

윤석열 검찰총장이 직무에서 배재된 지
일주일 만인 12월 1일 총장직에 복귀했다
윤 총장이 제기한 신청 사건을 심리한
서울행정법원 행정4부(부장판사 조미연)가
"추미애 법무부장관의 직무배재 조치의
효력을 임시 중단하라"는 결정을 내렸다
서울행정법원은 "윤 총장의 직무배제가
계속될 경우 사실상 해임과 동일한 결과에 이른다"
면서
"이런 결과는 검찰의 독립성과
정치적 중립성 보장을 위해
검찰총장 임기를 2년 단임으로 정한 검찰청법 등
관련 법령 취지를 몰각하는 것"이라고 밝혔다
윤 총장은 법원의 결정 40여 분 만인
오후 5시경 대검찰청에 출근했다
추미애는 사면초가가 되고…
문 대통령이 결단 부담을 떠안게 되었다

외통수 몰린 문대통령

추미애·윤석열 간 갈등이 통제불능 상황에 빠지면서
문재인 대통령도 외통수에 몰렸다
사태가 진전되는 동안 원칙을 앞세워 거리를 뒀지만
'추·윤 갈등'이 권력다툼으로 비화하면서
책임이 문 대통령으로 향하고 있다는 것이
경향신문의 논조다
문 대통령이 주요 국정과제로 꼽았던
검찰개혁의 대의명분도 무너지고 있다고 했다
문 대통령은 2일 이용구 신임 법무부차관을 발표하며
윤 총장 징계와 겸찰개혁 의지를 드러냈지만
징계위에서 어떤 결과가 나오든
추·윤이 어떤 선택을 하든
문 대통령과 여권은 정치적 부담을 떠안게 될 것으로 보인다
오늘 12월 3일은 코로나19 비상 속에
2021년 대학수능시험을 치르는 날이다

이낙연 측근 자살

이낙연 더불어민주당 대표실 부실장 이모(54)가
12월 3일 오후 서울 서초동 서울중앙지법 인근에서
숨진 채 발견
그는 4·15총선에 출마한 이낙연 대표의
선거사무실 복합기 임차료를
옵티머스 자산운용 관련 업체로부터 지원받은
혐의(정치자금법 위반)로
서울시선거관리위원회가 검찰에 고발한
2명 중 한 명이다
그는 3일 오후 6시 30분까지 조사받은 뒤 저녁식사 후
다시 조사를 재개하기로 했으나 소재가 확인되지
않았다
경찰은 가족으로부터 변호인과도 연락이
되지 않는다는 실종신고를 접수하고
휴대전화 위치추적 등을 통해 소재를
파악하다가 그를 발견했다
이낙연이 의지하는 딱 한 사람이 그라고 했다

코로나로 숨진 데스탱

발레리 지스카르 데스탱
전 프랑스 대통령이 코로나19로 별세했다고
AFP통신이 12월 3일 보도했다
향년 94세 1926년생인 고인은 제2차 세계대전 때
샤를 드골이 세운 대독일 항전조직
레지스탕스 '자유프랑스'에서 활동한 뒤
1959년 당선된 드골 대통령에 의해 재무장관에 발탁됐다
1974년 대선에서 우파 후보로 나와
좌파의 프랑수아 미테랑을 누르고 48세 때 대권을 잡았다
1981년까지 대통령으로 재임하며
오늘날 유럽연합(EU)의 초석을 다졌고
주요 7개국(G7) 정상회담 창설에도 역할을 했다

25번째 부동산대책

문재인 정부 출범과 함께 중용된
김현미 국토부장관은 3년 6개월 동안
24번의 부동산 대책에도 집값 상승을 막지 못해
문재인 정부의 ‘아킬레스건’으로 불려왔다
김 장관의 교체 소식이 알려진
2020년 12월 4일 온라인 부동산 커뮤니티는
“드디어 교체됐다”며 반색했고
국토부는 술렁거렸다
“어느 때보다 일하기 편하다”
“경제부총리가 수장인 기획재정부보다
더 강하고 목소리 큰 국토부의 시대가
열렸다”는 이야기가 관가에 돌 정도로
힘이 셌던 정치인 장관이 떠났기 때문이다
문재인 정부의 부동산정책은 실패했다
허깨비와 싸운 ‘빵 장관’ 김현미를 보내고
추미애는 남기고 문 대통령의 마이웨이 개각이란 평가다

원전 폐쇄관련 문건

감사원 감사를 앞두고 월성 원전 1호기
폐쇄관련 444건 자료를 삭제한 혐의를
받는 산업통상자원부 공무원 2명이 구속되자
더불어민주당은 "인내의 한계를 느낀다"며
불편한 기색을 보였다
청와대는 공식 반응을 삼간 채
검찰 수사를 예의주시하고 있다
검찰이 '월성1호기' 원자력발전소의
조기 폐쇄관련 업무를 담당하지 않은
산자부 A사무관의 컴퓨터에서 내부 자료
3,600여 건을 발견해 분석 중인 것으로
12월 6일 알려져 귀추가 주목되고 있다

브레이크 없는 거여

174석의 힘은 위협적이었다
21대 국회 첫 정기국회의 마지막 날인
2020년 12월 9일 더불어민주당은
밀린 숙제를 해치우듯 쟁점 법안들을 모두 처리했다
문재인 대통령의 공약과 민주당 우군인
시민단체 등이 요구해온
그러나 재계와 학계 등에서 찬반논쟁이
뜨거운 법안들은 거대 여당의 뜻대로
본회의를 통과시켰다
여당의 강행처리를 속수무책으로 지켜본
103석의 국민의힘은 하릴없이
반대버튼을 누르는 게 고작이었다
경제계가 강하게 반발한 '기업규제3법'
세월호 참사 진상규명위의 '1년 6개월 연장하는 법'
5·18광주민주화운동에 대한 허위사실을 유포하면
최대 5년의 처벌을 가하는 '5·18역사왜곡처벌법안'
등 쟁점법안 등 100건의 법안이 처리되었다

2부
문재인 대통령의 사과

하루 1,000명 확진

2020년 12월 13일 코로나19 확진자가
1,030명으로 급증해 첫 환자가 나온
2020년 1월 20일 이후 최다를 기록했다
대한민국 방역이 전시상황과 다를 바 없는
절체절명의 위기를 맞은 것이다
정부는 사회전반의 경제활동이 멈추는
거리 두기 3단계 격상에 대한 검토에 착수했다
일본은 일일 확진자가 최초로 3,000명을
돌파하면서 의료붕괴 우려가 커지고 있다
11일 독일의 확진자는 28,344명으로
일일 최고치를 경신했다고 한다
앙겔라 메르켈 총리는 13일 지방정부와
회의를 열고 16일부터 내년 1월 10일까지
식료품점 약국 등을 제외한 모든 상점폐쇄
학교와 보육시설 휴교를 실시하는 등
전면봉쇄에 합의했다
한동안 잠잠했던 중국도 일부 지역을
다시 봉쇄했다

민주주의 파괴

목이 터져라 외쳤던 그 이름을 30여 년이 지나
다시 외칠 줄 누가 알았을까
다른 의견을 말하면 처벌하고
(5·18민주화운동 역사왜곡 처벌법)
북한 인권을 위해 전단을 날리면 잡아가는
(대북전단금지법) 세상이 됐다
자신들은 우상화(민주유공자 예우법)하고
미운 놈은 출마도 막으려는
(윤석열 출마금지법) 문재인 정권
민경우(55) 전 범민연 남측본부 사무처장은
“민주화운동 출신 정권에서 민주주의가
파괴되는 모습을 보게 될 줄은 몰랐다”고 했다
그는 “우리 민주주의가 돌이킬 수 없을 정도로 발전했다고 믿었는데
조국 사태 윤석열 검찰총장 찍어내기 등을 거치며
건강성이 송두리째 사라졌다
나는 다시 1987년 6월의 어느 시점으로 돌아왔다”고 말했다

보수를 말하다

진보 논객 진중권이 보수에 대한 비판과
대안을 제시한 책 『보수를 말하다』를 냈다
"보수의 장점을 엉뚱한 데서 찾아
만날 이승만 찬양이나 하고 있다
과거의 보수가 역동적이고 능동적이며
유연했던 것을 봐야한다
박정희 때 학교평준화·의료보험·국민연금·그린벨트 정책이 나왔다
전두환 때도 국가주도경제를 시장주도로 바꿔놨다
노태우는 '보통사람'이라며
대통령에 대한 풍자를 허락하고
냉전 이데올로기를 해체했다
국민을 먹여 살리는 정책에
보수의 브랜드를 찍으면 되는데
'이건 좌파' '이건 우파'라는 시각으로
'세금폭탄' '퍼주기' 같은 어법밖에
사용하지 못한다"고 했다

김아림의 우승컵

김아림(25)이 12월 15일 미국 텍사스주 휴스턴에서 벌어진

LPGA 투어 US여자 오픈에서

최종합계 3언더파로 우승했다

US여자오픈에서 첫 출전자가 우승한 건

김아림이 다섯 번째다

1998년 7월 박세리(43)는 LPGA투어 메이저대회

US오픈에서 '맨발투혼'으로 정상에 올라

외환위기를 겪던 국민들에게 활력을 전했듯이

코로나19로 온 국민이 고통 받고 있는

2020년 12월 이 대회에 처음 출전한

김아림이 하얀 마스크와 함께 주목받으며

짜릿한 역전 우승의 낭보를 전했다

세계 1위 고진영과 에이미 올슨(미국)을

1타차로 따돌렸다

우승상금은 100만 달러(10억 9,300만원)

활기찬 어퍼컷 세리머니와 발랄한

'배꼽인사'로 유명한 '명랑 골퍼' 김아림은

올 시즌 KLPGA투어 드라이버 비거리

1위에 오른 장타자다

바이든 투표 승리

미국 대선이 2020년 11월 3일
유권자 투표를 실시한 지 6주 만에 막을 내렸다
조 바이든 대통령 당선자가 12월 14일
대선 선거인단 투표에서 절반을 훨씬 넘는
306석의 선거인단을 확보하면서다
바이든 당선자는 승리확정 후
"이제 페이지를 넘길 때"라면서
통합과 단결을 호소했다
도널드 트럼프 대통령이 확보한 선거인은
232명에 그쳤다
하지만 트럼프 대통령은
이날도 자신의 트위터에 대규모 선거사기가
있었다는 주장을 이어갔다
바이든 당선자는 2021년 1월 20일
새 미국대통령으로 취임한다
문재인 대통령은 15일 조 바이든 미국 대통령 당선자에게
"미국역사상 최다득표 당선을 축하한다"는 서한을 보냈다

김재철 KAIST에 500억

대양을 누비며 동원그룹을 일군
김재철 명예회장의 열정은 이제 고기의 바다에서 '데이터의 바다'로 바뀌었다
"젊은 시절엔 세계의 푸른 바다에서
대한민국의 미래를 찾았지만
인공지능(AI) 시대에는 데이터의 바다에 새로운 미래가 있을 것"이라며
AI인재 육성에 써달라는 당부와 함께
KAIST에 사재 500억을 출연했다
김 명예회장은 동원그룹 창립 50주년을 맞은
지난해 경영 일선에서 물러난 뒤
AI인재 양성과 기술 확보에 남다른 관심을
기울여온 것으로 알려졌다

대통령과의 전쟁선언

문재인 대통령이 윤석열 검찰총장에
대한 법무부 징계위원회의 정직 2개월
처분을 재가한 지 하루 만인 17일
윤 총장은 징계취소 행정소송 및
집행정지 신청을 서울행정법원에 제기했다
국가공무원법에 따라 피고는
추미애 법무장관이지만 문 대통령이 징계안을
재가한 것이어서
소송의 원고는 현직 검찰총장이고
실질적 피고는 현직 대통령이라는
평가가 법조계에서 나온다
여권은 "윤 총장이 소송을 하는 것은
대통령과의 전쟁을 선언하는 것"이라며
자진사퇴를 압박했다
김종인 국민의힘 비상대책위원장은
"대통령과 현직 검찰총장이 법정에서
맞서는 모습이 국가적으로 창피하다"고 말했다

마크롱 대통령 확진

에마뉘엘 마크롱 프랑스 대통령(43)이
코로나19 확진 판정을 받았다
도널드 트럼프 미국 대통령
보리스 존슨 영국 총리 등에 이어
주요국 정상이 또 다시 감염된 데다
그와 만난 유럽연합 정상들이 줄줄이
'자가격리'를 선언하면서 충격에 빠졌다
마크롱 대통령에게 대면 보고를 한
카스텍스 총리와 페랑 국회의장
최근 회동을 가진 페드로 산체스 스페인 총리와
안토니우스 코스타 포루투갈 총리
샤를 EU 정상회의 상임의장 등이
자가격리에 들어갔다
대통령 부인 브리지트 여사(67) 역시
자가 격리를 검토하고 있다

문재인 나서라

"잘잘못은 나중에 따지자 지금은
'백신 리더십'이 절실하다
문재인 대통령이 나서야 한다"
의료계 전문가들의 목소리는 이렇게
절박하다 이제라도 자원 총동원해 백신 확보하라!
"문 대통령 백신확보 관련 모든 책임
진다는 메시지 내야"
세계 10여 개국이 코로나19 백신을 맞으며
새해를 맞이하지만
한국은 백신 없는 혹독한 겨울을 나게 됐다
그러나 문재인 대통령은 대국민 문답도
안하고 있는데 문재인 대통령의 아들
문준용의 미디어아트 개인 전시가
정치권의 논란으로까지 번지고 있다

연말 모임금지령

서울·경기·인천 등 수도권의 사적(私的)
모임을 제한하는 초고강도 대책이 나왔다
5명 이상이 모이는 회식·지인 모임·송년회 등을
금지해 코로나19 확산을 막겠다는
취지의 '모임 금지령'이다
12월 23일부터 2021년 1월 3일까지다
24일부터는 전국으로 확대 적용되었다
영국에서 코로나19 변종바이러스가
기존 바이러스보다 전파력이 최대 70%
강한 것으로 알려진 변종바이러스가
유입될 것을 우려해서 12월 20일
독일·프랑스·이탈리아·네덜란드·벨기에·
아일랜드·오스트리아 등
유럽 국가들이 잇따라 영국발 입국금지를
발표했다

이건희 회장 상속세

고(故) 이건희 삼성그룹 회장의
상속인들이 내야 할 주식분 상속세가
11조 400억 원으로 확정됐다
이는 역대 최대 규모의 상속세로
이 회장이 보유한 부동산 등에 대한
상속세까지 포함하면 12조원이 넘을
것으로 관측된다
이는 우리나라 지난해 국내 상속세
전체 납부액 3조 1500억의 4배에
육박하는 금액이다
이재용 부회장을 비롯해 유가족들의
상속세 재원 마련 방안에 대한 재계의
관심이 높아지고 있다

정경심 법정구속

문재인 정권의 적폐(積幣) 한복판에서
선도역할을 한 조국 전 법무부 장관의
부인 정경심 동양대 교수에 대해
서울중앙지법 형사합의24-2부(임정엽 재판장)는
입시비리 관련 혐의를 모두 유죄로 인정하는 등
정교수의 15개 혐의 중 11개에 대해
징역 4년에 벌금 5억원을 선고하고
그를 법정구속했다
재판부는 또 일부 혐의와 관련해 조 전
장관과 딸 조민의 공모 등 관여 사실도
사실상 인정해 추가 후폭풍이 예상된다
재판부는 공소사실별 유무죄에 대한
판단을 설명한 뒤 "피고인은 단 한번도
자신의 잘못에 관해 솔직히 인정하고
반성한 사실이 없다
피고인의 범죄들은 비난 가능성이
매우 크고 중대한 범행이라 엄중한 처벌이
불가피하다"고 중형 선고 이유를 밝혔다

뒤집힌 윤석열 징계

서울행정법원 12부(홍순욱 부장판사)가
12월 24일 윤석열 검찰총장의
정직 2개월 집행정지를 인용하며
"주문 대통령이 신청인에 대하여
정직처분의 효력을 정지한다"고 밝혔다
이로써 윤석열 검찰총장이 생환했다
윤 총장은 17일 직무가 정지된 지 8일
만에 다시 총장 업무를 맡게 되었다
16일 추미애 법무부 장관의 제청으로
윤 총장의 징계를 결재한 문재인 대통령은
조국 전 법무부 장관의 부인
정경심 동양대 교수가 1심 재판에서
유죄판결을 받은 데 이어 윤 총장의 손을 들어주어
검찰에 완패한 모양새가 되었다
문 대통령 책임론이 등장하면서 집권
후반기 국정운영에 심각한 타격이 예상된다

청와대의 위기감

백신 논란에 대해서 “청와대 내부에서도
문재인 대통령이 직접 국민 앞에 나서서
설명하는 기회를 가져야 한다”는 의견이 많다
여기에다가 정부·여당의 대북전단금지법 강행에 대한
국제사회의 비판이 갈수록 확산되고 있다
정부가 김여정 북한 노동당제1부부장의
반발 직후 법 처리를 서두른 데 대해
“문재인 정부가 이처럼 신속하게 굴복한 것은
한국의 대북협상력 약화라는
진정한 위험으로 이어질 수 있다”는
비판이 일고 있는 가운데
청와대가 느끼는 위기감이 외부에서보다
훨씬 크다는 것이다
리얼미터가 21-23일 여론조사한 결과
문재인 대통령의 국정수행에 대한
부정평가는 59.1%로 정부출범 후 최고치를
기록했고 긍정평가는 37.4%였다

대통령의 사과

문재인 대통령은 2020년 12월 25일
윤석열 검찰총장의 직무 복귀와 관련해
“결과적으로 국민들께 불편과 혼란을
초래하게 된 것에 대해 인사권자로서
사과말씀을 드린다”는 입장을 밝혔다
전날 법원이 윤 총장에 대한 ‘정직 2개월’ 처분
집행정지 결정을 내린지 하루 만이다
사태를 조기 수습함으로써 국정을 안정
시키겠다는 의지가 담긴 것으로 풀이된다
그러나 여권 일각에선 ‘사법 쿠데타’
‘일개 재판부의 대통령 흔들기’라는 공격과 함께
“이제 남은 방법은 윤 총장 탄핵밖에 없다”는
주장도 나왔다

사실상 대통령 탄핵

야당은 문재인 대통령을 향한 공세를
한층 강화하고 나섰다
국민의힘 법사위원들은 “대한민국 국민이
값진 크리스마스 선물을 받았다”는
입장문을 낸데 이어 김종인 비대위원장도
“비상식적인 일에 대해
상식적인 판단이 나온 것”이라며 반겼고
안철수 국민의당 대표도
“코로나로 우울한 성탄절을 보내고 있는
국민들께 큰 위안이 됐다”고 했다
김기현 국민의힘 의원은
“문 대통령에 대한 탄핵결정이라고 해도
과언이 아니다
대통령이 더는 비겁하게 커튼 뒤에 숨어
책임을 떠넘길 수 없을 것”이라며
“사실상 탄핵을 당한 문 대통령은
즉각 국민 앞에 나와 진정한 사죄를 해야
마땅하다”고 주장했다
원희룡 제주지사도 “문 정권의 검찰개혁은
도덕적으로도 법적으로도 완벽하게 파탄났다”고 꼬집었다

유전무죄의 악습

인디언들이 기우제를 지내면 반드시
비가 오는 것은 신통력이 있어서가
아니라 비가 올 때까지 제사를 지내기
때문이라고 한다
우리나라의 나쁜 수사도 마찬가지다
죄가 나올 때까지 탈탈 털어서
범죄자로 만든다
별건 수사와 피의사실 흘리기가 동원돼
모욕과 낙인에 산송장이 된 피의자는
'저승사자'인 검사와 선이 닿는
전관(前官) 변호사에게 운명을 건다
'유전무죄(有錢無罪) 무전유죄(無錢有罪)'
라는 전근대적 악습의 구조다
정치적 의도까지 들어가면 감당 불가의
고차방정식이 된다
검찰개혁이 절실한 이유다
그런데 중요한 검찰개혁을 문재인 정권은
재활용조차 불가능한 걸레로 만들어 버려
공수처의 순수성도 더 불신 받고 있다는
게 중앙일보 이하경 칼럼이다

황혼기의 문재인 정부

2020년 한 해가 저물어간다
문재인 정부도 새해가 되면
황혼기에 접어들게 된다
그가 그동안 한 일을 보면 '적폐청산'
'사법개혁' '코로나 대응'이 대부분이었다
'일자리 창출' '부동산문제 해결'
'평화통일' '한 번도 경험해보지 못한 나라' 등
포부는 대단했지만 황혼기를 앞둔
성적표는 초라하기만 하다
긍정적으로 미래를 만들기보다는
부정적으로 과거를 무너뜨리는데 몰두했고
다음 세대에게도 미래의 꿈보다는
빚만 남겨주는 형국이 되었다
지난 시간은 갈등과 대립 그리고 투쟁으로
점철된 영욕의 날들로 기억될 것이다
인생으로 보면 치열하게 살았지만
허탈한 황혼을 맞게 된 것이나 다름없다
인생에서 수단과 방법을 가리지 않는 삶은
돌이켜보면 찌들은 삶이 된다
목적을 위해 희생하는 삶보다는 자유로운
삶이 더 아름답다

정치에서 민주주의의 가치는
자유로운 삶의 가치와 같다
민주화운동세력이 정권을 잡게 되면
민주화가 진전될 것으로 기대했지만
많은 진보 지식인들은 이 정부에서
우리나라의 민주주의가 후퇴했다고 평가하고 있다
돌이켜보면 1980년대 민주화운동은
허울뿐이었다
전두환 5공화국 시대는 모든 게
오판으로 점철되었다 '보수건 진보건' '여든 야든'
모두가 오판하던 시대였다
소련을 시작으로 사회주의가 붕괴되고 있을 때
우리나라는 김일성 주체사상이 창궐하고 있었다
이들 386 주사파가 민주화세력으로
착시(錯視) 되었고 그 386이 586으로
성장해 문재인 정권을 탄생시켰을 뿐이다

법무부 장관 박범계

문재인 대통령이 2020년 12월 30일
박범계 더불어민주당 의원(57)을 법무부
장관에 내정했다 추미애 법무부 장관이
사의를 밝힌 지 14일 만이다
판사 출신인 박 후보자는 노무현 정부에서
대통령민정2비서관과 법무비서관을 지낸
친문 인사다
초대 공수처장으로 지명된 김진욱(56) 후보자는
판사출신으로 변협으로부터
공수처장 후보자로 추천받았다
한편 문 대통령은 이날 환경부 장관
후보자 한정애 민주당 의원을 지명하고
국가보훈처장에 황기철 전 해군참모 총장을 내정했다

오는 영민 가는 영민

문재인 대통령이 12월 31일
노영민 대통령비서실장의 후임으로
유영민 전 과학기술정보통신부 장관(69)을 임명
민정수석비서관에 신현수 전 국가정보원
기획조정실장(62)을 각각 임명했다
부산출신인 유영민 실장은 기업인 출신으로
LG CNS 부사장과 포스코ICT 사장 등을 거쳐
문재인 정부 출범 후 과기정통부 장관을 지냈다
신현수 신임 민정수석은
노무현 정부 대통령사정비서관을 지낸 뒤
문 대통령 취임 후 국정원기조실장을 지냈으며
문재인 정부의 첫 검사 출신 민정수석이다

3부

미국은 바나나공화국

조용한 한 해

세상에는 다양한 색깔의 목소리가 있지만
정치권과 공론장에는 양극단의
목소리만이 크게 울리고 있다
2021년 신축년 새해가 밝았다
새해를 맞는 기쁨보다 고통의 한해를
보냈다는 느낌이 더 크다
기대와 희망을 말하기에는 현실이
너무나 버겁거니와 코로나19의 고통과
우리 사회의 극단적인 대립이 갈등을 풀어야할
정치권의 비효율과 무능이 겹쳐
고통은 배가되고 있다
새해에는 조용한 목소리가 담기는
사회가 되기를 기원해보지만
만만치 않을 것 같다

추미애 고발

코로나19 확진자가 연일 급증하고 있는
서울동부구치소의 누적 확진자가 923명이고
전국 교정시설의 확진자는 968명이다
법무부는 이명박 전 대통령이 수감돼있는
서울동부구치소에서 첫 확진자가 나온
이후 34일 만에 처음 브리핑을 하면서
원론적인 대책을 내놔
'늑장대처'라는 비판이 일고 있다
법무부 노동조합은 서울동부구치소의
집단감염에 대한 책임을 물어
추미애 장관을 직무유기 혐의로
대검찰청에 고발했다

전단금지법 파문

대북전단금지법(남북관계발전법)에
미국·영국에 이어 옛 공산국 체코도
“전단금지법 동기가 뭔가?”
한국에 질문하는 등 국제사회의
우려와 비판이 확산하고 있다
체코는 평양에 대사관을 두고 있는
유럽국가 중 하나이기도 하다
반기문 전 유엔 사무총장은 신년사에서
“대북전단금지법은 북한의 요구에 굴복한
‘반인권법’이라는 국제사회의
비난을 자초하고 있다”며
“합당한 후속 조치로 바로 잡아야 한다
우리나라가 인권문제로 인해
국내외 비판을 받고 있는 현실에
참담함을 금할 수 없다”며
“인권은 내정이 아니라
인류 보편의 가치”라고 지적했다

암담한 북한 운명

2020년은 북한에 끔찍한 한 해였다
북한은 대북제재·홍수·태풍·코로나19로
큰 타격을 입었다
유엔 보고에 따르면 북한은 이미
5월부터 식량을 비롯한 물자와
자원부족에 시달렸고 10월 10일에는
김정은 위원장이 인민들의 고초에 대해
눈물까지 보이며 사과했다
이후 북한 매체는 감자 수확을 극찬하기 시작했다
이는 쌀 부족의 심각성을 암시한 것으로
지난해 대중국(對中國) 무역은 전년도 대비
79% 수출은 76% 감소했다
정치적 상황도 위태롭다고 한다
김 위원장의 트럼프 미국 대통령과의
친분은 전혀 도움이 되지 않았다
정권 수뇌부가 혼란을 겪고 있음을
보여주는 징후가 여러 번 포착되었다

새해벽두 사면론

이낙연 더불어민주당 대표가
불을 지핀 이명박·박근혜 두 전직 대통령
사면문제가 새해 벽두 정국을 강타했다
1월 1일 언론 인터뷰에서
“적절한 시기에 두 전직 대통령 사면을
문재인 대통령에 건의하겠다”
“국민통합을 위한
큰 열쇠가 될 수 있을 것”이라고 밝혔다
건의라는 형식을 취하긴 했지만
대통령 고유 영역에 속하는 사면을
여당 대표가 직접 언급했다는
점에서 파장이 일고 있다

대통령 초계비행

문재인 대통령은 2021년 1월 1일 새해
첫 외부 일정으로 공군 지휘통제기인
'피스아이'에 탑승해 한반도 전역의
대비태세를 점검하는 초계비행을 했다
국군 통수권자가 피스아이에 탑승한 것은
최초라고 청와대는 설명했다
문 대통령은 "완벽한 대비태세 유지를 위해
불철주야로 경계작전을 하느라 수고가 많다"며
"여러분의 헌신 덕에 국민이 평화로운
새해를 맞이할 수 있어
고맙고 든든하다"고 격려했다
"새해 첫 일정으로 군의 대비태세를 살핀 것은
'강한 안보 없이는 평화도 없다'는
판단에 따른 것이라고 청와대는 전했다

손흥민의 100호골

손흥민(29)이 새해 첫 득점을
토트넘 통산 100호골로 장식했다
1월 2일 토트넘 홋스퍼 스타디움에서 열린
2020~2021시즌 잉글랜드 프리미어리그
17라운드 리즈 유나이티드와의 안방경기에서
1-0으로 앞선 전반 43분
'단짝' 해리케인(28)이 넘겨준 땅볼 크로스를
페널티지역 오른쪽에서 감각적인 오른발 슈팅으로
골망을 뒤흔들었다
112년 역사의 토트넘에서
손흥민이 18번째 100골을 넣으면서
손흥민의 가치는 지난해 7천 500만
유로에서 9천만유로(약 1,203억원)까지 치솟았다

제동 걸린 사면론

이낙연 대표가 꺼내든 전직 대통령
사면논의에 대해 여권 내부에서
거센 반발이 일자 3일 긴급 최고위원회
간담회를 열고 “당사자들의 반성이
중요하다”고 밝혔다
국민의힘 주호영 원내대표는
“사면을 두고 장난치면 안 된다”고 비판했고
야권은 “불능조건을 내세운 선거 전략용
사면 카드”라는 반응이다
이재오 전 의원은 “잡아간 사람들이
유감이라고 하면 몰라도 잡혀간 사람이
사과를 하라는 게 말이나 되는 소린가
오만의 극치”라고 비판했다
김종인 비대위원장은
“실제 문 대통령이 사면을 단행할 것으로
예상하고 있지만 사면이란 건 대통령 아닌
제3자가 얘기할 성격이 아니다
사면을 누가 반대하겠는가”라고 말했다

재판독립 침해

김명수 대법원장이 4일 법원 내부망에
올린 시무식사를 통해 "판결에 대한
정당한 비판을 넘어 개개인에 대해 공격이
가해지는 우려스러운 상황이 벌어지기도 한다"며
"저는 대법원장으로서 헌법적 책무를
항시 잊지 않고 재판 독립을 침해하는
부당한 외부의 공격에 대해서
의연하고 단호하게 대처해 나갈 것"이라고 했다
그의 발언은 최근 윤석열 검찰총장의
징계효력 집행정지 결정과
조국 전 법무부장관의 부인 정경심
1심 유죄판결 이후
법관 독립이 침해되고 있다는 우려에
따른 것으로 해석된다
그동안 '사법 개혁' '판사 탄핵'을 주장하는
목소리가 커졌고 판사들 사이에는
"대법원장이 나서야 한다"는 여론이었다

한복 입은 순자씨

주한미군이던 흑인 아버지와 한국인 어머니 사이에서
태어난 메릴린 순자 스트리클런드(59)는
두 살 때 서울에서 미국으로 건너와
늘 인종차별에 시달리던 부모는 그에게 당부했다
“순자야 우리가 살면서 갖지 못한 기회를
네가 얻으려면 열심히 일해야 한다
옳은 것을 위해 싸우고 공동체를 위해
봉사하고 약자를 위해라”
순자는 좌절하지 않았다
고등학교에서는 치어리더를 했고
아르바이트를 하면서 대학 졸업 후에는
보험회사 커피전문점 등에서 일하며
경영학석사 학위를 취득했다
워싱턴 터코마 시의원과 시장을 거쳐
2021년 1월 3일 국회의사당에서 열린
제117대 연방하원 개원식에 붉은색 저고리와
보라색 치마를 입고 취임선서를 했다

사망자 1,000명

코로나19로 인한 사망자가
2021년 1월 5일 국내에서 26명 늘어
1,007명이 됐다
2020년 2월 19일 청도 대남병원에서
첫 사망자가 나온 지 320일 만에
천명을 넘은 것이다
350,000명 넘게 숨진 미국을 필두로
한국은 코로나19 사망자가 1,000명대에
올라선 86번째 나라가 됐다
코로나19로 80대 노모를 잃은 아들은
취재요청에 이렇게 말했다
"무슨 좋은 일이라고 할 말이 있습니까?"
어머니를 한 줌 재로 변한 뒤에야
다시 만난 그는 부고도 없이 조용히
장례를 치렀다고 한다
코로나19 이후 천 번째의 이별은
'지금껏 경험하지 못한 일'이었다고…

민주주의 수난

사익보다 공익을 우선하고
지혜와 지식까지 갖춘 의인(義人)이 있다면
독재가 민주주의 보다 나을 수 있다는
'선의의 독재가 최선의 통치'라고 했다
그런 자격을 갖춘 사람은 드물다
사법부·검찰·감사원이
정치권력과 행정부를 견제하는 것은
민주주의를 위해 필수적이다
더불어민주당 여당 의원이 그들 마음에
들지 않는다는 이유로 감사원장을
압박하고 친문세력은 판사를
탄핵해야 한다고 주장하고 있다
민주주의 수난 시대다

코스피 3000시대

코스피가 사상 처음 장중 3000선을 넘었다
2007년 7월 25일 2000대를 돌파한 뒤
13년 5개월 만에 3000시대를 열었지만
개인투자자 중심의 '거품 장세'에 대한
우려도 커지고 있다
코스피 새 역사의 주역은 지난해부터
한국증시의 핵심 주체로 떠오른 것은 개인
투자자 이른바 '동학 개미'였다
개인투자자들은 코로나19 여파 속에서
코스피가 1400대까지 떨어졌던
2020년 3월 19일부터 2021년 1월 6일까지
유가증권시장에서 33조원 순매수하며
한국증시의 방파제 역할을 했다
정태윤 연세대 경제학부 교수는
"이를 높이 평가해야 하지만 실물경제와
괴리가 있는 게 사실"이며 "위험 상황을 피하려면
감독당국 차원에선 '빚투(빚내서 투자)'는
막을 필요가 있다"고 말했다

북한 경제실패 인정

김정은 북한 국무위원장이
1월 5일 개막한 8차당대회에서
"국가 경제발전 5개년 전략 수행 기간이
지난해에 끝났지만 내세웠던 목표는 거의
모든 부문에서 엄청나게 미달했다"며
경제 실패를 공식적으로 인정했다
이는 대북제재에 이어 코로나19로 결정적인
타격을 입은 북한의 경제상황이 그만큼
심각하다는 것을 보여준다
전문가들은 최악의 경제난을 겪었던
1990년대 고난의 행군 수준으로
경제성장률이 후퇴할 가능성도 있다고 했다
8차당대회 참석자 7000명이 마스크를
착용하지 않은 모습이 공개돼 코로나19
확진자가 한 명도 없다고 주장하는 북한
대외적으로 코로나19 방역에 대한
자신감을 과시하려는 의도로 풀이 된다

짓밟힌 미국 민주주의

트럼프의 팬덤정치
2021년 1월 6일 대선 결과에 불복하고
지지자들에게 의회로 가라고 목소리를 높인
트럼프의 선동정치는 폭력시위대가
미 의사당에 난입해 4시간 동안
점거하는 초유의 사태를 불렀다
미 권력의 심장부이자 국민을 대표하는
민주주의의 전당인 의회가
'나만 옳다'고 믿는 트럼프 지지자들이
폭력적으로 점령당하자 미 언론들은
"쿠데다 시도" "폭동"이라 평했다
미국이 영국과 벌였던 1812년 전쟁 당시인
1814년 워싱턴이 함락돼 백악관과 의사당이
불탄지 207년 만에 처음이다
이날 의사당에선 조 바이든 대통령 당선인의
승리를 공식 확정하는 상·하원합동회의가
열렸다 회의를 시작한 지 1시간이 지난 오후
2시쯤 의사당 밖에 있던 시위대가
바리케이드를 넘어 내부 진입을 시도했다
시위대는 턱없이 부족한 경찰병력을 젖히고
벽을 넘어 완력으로 유리창을 깨고

의사당 안으로 진입했다
회의를 주재하던 마이크 펜스 부통령과
낸시 펠로시 하원의장은 경호국의 호위를
받으며 회의장을 떠나야 했다
의사당으로 진입한 이들은 "우리가 이겼다"고
고함을 치기도 했다
주방위군이 투입돼 약 4시간 만에
시위대를 몰아냈지만 이 과정에서 4명이 사망하고
52명이 체포됐다 바이든 당선자는
"의사당을 공격하고 적법하게 선출된 공직자들을
위협하는 것은 시위가 아닌 반란"이라고 규탄했다
트럼프 대통령은 트위터에 올린
1분짜리 동영상에서
"여러분은 이제 집으로 돌아 가야 한다"면서도
난입자들은 '애국자'라 두둔하며
대선불복 주장을 굽히지 않았다

얼어붙은 한반도

2021년 1월 6일 오후 수도권에
갑자기 내린 눈으로
후륜구동 자동차 대란이 벌어졌다
도로가 눈길·빙판이 된 가운데
이런 환경에서 주행 능력이 떨어지는 후륜차가
제대로 가지 못해 도로가 주차장으로
변한 곳이 부지기수였다
특히 후륜구동은 메르세데스·벤츠·BMW 등
고급 승용차에 많이 적용된 방식이라
'수입차의 굴욕'이 네티즌의 입질에 올랐다
전국에 불어닥친 한파가
1월 8일 절정에 달할 것으로 전망된다
이번 강추위는 온난화로 인한
'음의 북극진동'이 원인으로 분석됐다

미국은 바나나공화국

전직 미국 대통령들과 세계 각국 지도자들은
미국 의회 폭력사태를 일제히 규탄했다
도널드 트럼프 대통령과 같은 공화당 소속인
조지 W 부시 전 대통령은 1월 6일 성명에서
"선거 결과에 대한 논쟁이 민주공화국에서가 아닌
바나나 공화국(부패한 후진국)에서처럼
벌어지고 있다"며 "이런 반란사태는 우리나라의
평판을 심각하게 훼손할 수 있다"고 우려했다
버락 오바마 전 대통령은 성명에서
"엄청나게 수치스럽고 불명예스러운 순간"이며
"역사는 오늘 현직 대통령이 선동해
의사당에서 벌어진 폭력을 똑똑히 기억할 것"이라
고 일갈했다
빌 클린턴 전 대통령은
"우리는 오늘 미 의회 헌법·국가 전체에 대한
전례 없는 공격행위에 직면했다"며
"4년간 독성 있는 정치와 의도적 허위정보가
의사당 점거를 부채질 했다"고 지적했다
앙겔라 메르켈 독일 총리는
"침입자이자 폭도"라며 "미국 의사당 사태에
분노와 비애를 느낀다"고 했고

보리스 존슨 영국 총리는
"수치스러운 장면"이라며 "미국은 전 세계
민주주의를 대표한다 이제 평화롭고 질서
있는 정권교체가 필수적"이라고 밝혔다
트뤼도 캐나다 총리는 "폭력은 결코 국민의
뜻을 짓밟는 데 성공하지 못할 것이며
미국의 민주주의는 지켜야 한다"고 말했다

백기 든 트럼프

도널드 트럼프 미국 대통령이 임기 만료를
불과 10여 일 앞두고 퇴진 위기에 몰리자
뒤늦게 대선 패배를 인정하며
사실상 백기(白旗)를 들었다
1월 7일 공개한 트위터 동영상을 통해
"새 행정부가 오는 20일 출범할 것"이라며
"이제 내 관심은 순조롭고 질서 있게
정권을 이양하는 것"이라고 자세를 낮췄다
시위대를 향해서는 "법을 어긴 이들은 대가를
치를 것"이라고 비판했다
AP통신 등 언론들은 "조기퇴진 논의가 확산되자
트럼프 대통령이 마침내 현실을 인정했다"며
"특히 의회 폭력사태로 자신의 대선
불복 운동까지 큰 비난을 받게 되자
어쩔 수 없이 뒤로 물러선 것"이라고 했다

위안부 배상판결

2021년 1월 8일 서울중앙지법
민사합의 34부(김정곤 부장판사)는
고 배춘희 할머니 등 12명이
일본 정부를 상대로 낸 손해배상청구 소송에서
"일본 정부가 1인당 1억원씩 배상하라"며
원고 승소 판결했다
법원이 일본군 위안부 피해자 할머니들에 대한
일본 정부의 손해배상 책임을 처음으로 인정했다
2013년 8월 민사조정 신청을 시작으로
소송을 진행한 지 7년 만이다
일본군 위안부 피해 사실을 처음 증언한
고 김학순 할머니가 1991년 12월 6일
일본 도쿄지법에 국제소송을
제기한 날부터 약 30년 만이다
일본 외무성은 판결 직후 남관표 주일대사를
즉각 초치하며 반발했다

탈진실 시대

탈진실(Post Truth)은 옥스퍼드 사전이
2016년 세계의 단어로 선정한 신조어다
지난 4년여 동안 세계는 곳곳에서
반(反)기성정권 및 엘리트·반(反)자유무역·
인종주의의 물결을 싸잡아
'포퓰리즘'이라 명명했다
그 정점을 찍은 게
영국의 브렉시트(영국의 유럽연합 탈퇴)
국민투표와 미국의 트럼프의 당선이었다

2021년 신년 벽두부터 세계가 맞게 된
변화의 굵은 흐름은 작년 말부터 시작됐다
서구 중심에서 보면 2016년 세계를
잇달아 충격에 빠뜨리며 탈진실 시대를 연
두 개의 사건이 완결 또는 정리됐다
11월 3일 미국 대선에서 도널드 트럼프
대통령이 재선에 실패했고
영국이 유럽연합(EU)과의 탈퇴협상을
마무리함으로써 탈퇴론자들이
그토록 원했던 '주권'을 되찾았다
미국 포퓰리즘의 전성기를 맞았던 트럼프가

재선에 실패함으로써 재야의 '난동꾼'으로
전락한데 반해 영국은 EU와의 결별이
제도적으로 완성된 것이다

1962년 딘 에치슨 전 미국 국무장관이
"영국은 제국을 잃었다 그리고 아직
역할을 찾지 못했다"고 하자 발끈했다
데일리 익스프레스는 "등에 칼을 꽂았다"면서
영국 국민의 분노를 대변했고
해럴드 맥밀런 총리는
"에치슨은 지난 400년 동안 많은 사람들이
범했던 실수를 했다 필리페 스페인 국왕·
루이14세·나폴레옹·히틀러 등이 범했던 것과
같은 실수"라며 격앙된 반응을 보였다
그러나 돌이켜보면 맥밀런의 공개서한은
공허하기 짝이 없는 메시지였다
에치슨의 말은 영국이 글로벌 패권국의 지위를
상실했으면서도 아무 역할을 찾지 못하는 데
대한 조롱 섞인 권유였다
영국은 이후 미국의 '주니어 파트너'로
역할을 찾았기에 결국 그 권유를 받아들인
셈이기 때문이다

영국은 2020년 12월 24일 브렉시트 협상을
타결지음으로써 이번에는 '유럽'을 잃었다

47년 만에 유럽 단일시장 및 관세동맹과 결별해
“정치적·경제적으로 독립했다”지만
브렉시트 이후 영국의 국제적 역할을
찾는 작업은 이제 시작됐을 뿐이라는 것이다
국제정치의 흐름에 우리는 어떻게 준비하고 있는가

인구감소 시대

저출산·고령화는 시대적 흐름이다
인구감소 시대를 대변하는 키워드는
1인가구와 60대 이상 인구의 증가다
처음으로 1인가구가 900만 세대를 돌파했다
2020년 12월 31일 기준 우리나라
주민등록 인구는 51,829,023명으로
전년보다 20,831명 줄었다
총세대수는 23,093,108세대로
1세대 평균 2.24명으로 3인 가구에도 미치지 못한다
60대 이상 인구 비중도 늘어나
전체인구의 4분의 1 수준인
1천 300만여 명에 이르고 있다

4부

접종백신 강국 이스라엘

세계 최고 속도

세계에서 가장 빠른 속도로 자국민에게
신종코로나바이러스 감염증(코로나19)백신을
접종하고 있는 이스라엘이 점령지
팔레스타인 주민은 외면하고 있어 비판받고 있다
2020년 12월 20일부터 미국 화이자와
독일 바이오엔테크 코로나19백신의
접종을 시작한 이스라엘은 2021년 1월 2일까지
약 109만회의 접종을 마쳤다
인구 100명당 12.6회로 세계 최고수준이다
그러나 요르단강 서안지구의 팔레스타인인들은
백신 접종에서 배제돼
사실상 인권탄압이라는 비판이 일고 있다
14개의 인권단체들은 공동성명을 내고
"점령자의 전염병 대처 의무를 규정하고 있는
제네바협약에 따라 이스라엘은 팔레스타인인을
위한 백신을 구입과 배포를
지원해야 한다"고 질타했다
차제에 이스라엘 역사를 알아보자

아브라함

페르시아만 근처 우르 지방에서 출생한
헤브라이족의 시조 아브라함
(Abraham : BC 2866-1700 추정)은
신의 부름 따라 가나안으로 가
군중의 아버지로 신(神)에 대한 절대적 헌신
신의 뜻대로 전할례(全割禮)를 받아
신과 그의 자손과의 사이에 계약의 표시로
그의 영적인 부성(父性)은
이스라엘 민족의 선조로서
신앙을 지도하는 한 전형(典型)이라고
세계인명사전에 쓰여 있다
아브라함과 다윗의 자손 예수 그리스도의 세계라
아브라함이 이삭을 낳고 이삭은 야곱을 낳고
야곱은 유다와 그의 형제를 낳고
42대 예수 탄생을 기록한 신약전서
마태복음 첫 구절이다

이스마엘과 이삭

구약전서 창세기
아브라함이 이삭을 낳기 전에 그의
아내 사라는 아이를 생산하지 못하여
하갈이라는 이집트 여종을 소실로 주어
하갈이 잉태하여 아브라함의 아들을
낳으니 '이스마엘'이라 하였다
이때 아브라함의 나이 86세였다

여호와께서 그 말씀대로
사라를 권고 하셨으므로 사라가 잉태하고
아브라함 100세 때 아들을 낳았으니
이름하여 '이삭'이라 하였다

아이가 자라매 젖을 떼고 사라가 본즉
하갈의 소생 이스마엘이 이삭을 희롱하는 지라
그가 아브라함에게 이르되
이 여종과 그 아들을 내어쫓으라
이 종의 아들은 내 아들 이삭과 함께
기업을 얻지 못하리라 하매
아브라함이 근심이 되었더니
하나님이 아브라함에게 이르시되

네 아이나 네 여종을 위하여 근심치 말고
사라가 네게 이른 말을 다 들으라
이삭에게 난 자라야 네 씨라 칭할 것이니라
그러나 여종의 아들도 네 씨니
내가 그로 한민족을 이루게 하리라 하신지라

아브라함이 아침에 일찍 일어나 떡과 물
한 가죽 부대를 취하여 하갈의 어깨에 주고
자식을 이끌고 가게 하매
하갈이 나가서 브엘세바 들에서 방황하다
가죽 부대의 물이 다한지라
마주 앉아 바라보며 방성통곡하니
하나님이 그 아이의 소리를 들으시므로
하나님의 사자가 하늘에서부터 하갈을 불러
가라사대 하갈아 무슨 일이냐 두려워 말라
하나님이 저기 있는 아이의 소리를 들으셨나니
일어나 아이를 일으켜 네 손으로 붙들라
그로 큰 민족을 이루게 하리라 하시니라
하나님이 하갈의 눈을 밝히시매
샘물을 보고 가죽 부대에
물을 채워다가 마시었더라
하나님이 그 아이와 함께 계시매 그가 장성하여
광야에 거하며 활 쏘는 자가 되었더니
그가 바란 광야에 거할 때 그 어미가
이집트 땅 여인을 취하여 아내를 삼게 하였더라

이스마엘은 쫓겨나서 사우디아라비아
메카에서 살았다고 한다

이집트로 팔려간 요셉

아브라함이 이삭을 낳고 이삭은 야곱을 낳고
야곱(이스라엘)은 아들 12형제를 낳았다
이중 열한 번째로 태어난 요셉
야곱은 늦게 얻은 요셉을 더 사랑했다
그러자 그 형들이 시기하여
요셉을 죽이려고 하다가
낙타에 향품과 유향을 싣고 이집트로 가는
이스마엘(이삭의 이복형) 족속에 팔았다
17세의 요셉은 다시 이집트 바로의 신하
시위대장 보디발에게 팔려가게 되었다

이집트 총리 요셉

출애굽기에 의하면
여호와께서 요셉과 함께 하시니
그가 형통한 자가 되어 이집트 사람의 집에
가정 총무가 되어 살림을 주관하였더라
요셉은 용모가 준수하여
주인의 처가 동침하기를 청하니
요셉이 거절하고 옷을 벗긴 채로 도망쳐
여주인은 요셉을 모함하여 옥에 넣었다
그 옥은 왕의 죄수를 가두는 곳이라
여호와께서 요셉과 함께하시고
그에게 인자를 더하사
전옥에게 은혜를 받게 하시어 전옥이
옥중 죄수를 요셉의 손에 맡기므로
그 제반 사무를 요셉이 처리하였으니
범사가 형통하더라

그로부터 2년 후 바로(왕)의 꿈에
아름답고 살진 일곱 암소가 하수에서 올라
갈밭에서 뜯어먹고 뒤에 흉악하고 파리한
일곱 암소가 올라와 먼저 올라온 소를 먹은지라
바로가 곧 깨었다가 다시 잠이 들어 꿈꾸니

한 줄기에 무성하고 충실한 일곱 이삭이
나오고 그 후에 세약하고 동풍에 마른
일곱 이삭이 충실한 일곱 이삭을 삼킨지라
바로가 깬즉 꿈이라

이를 해몽코자 이집트의 박사와 술객을
모두 불렀으나 해석하는 이가 없더라
히브리(헤브라이) 소년 요셉이 바로에게 불려오니
바로가 요셉에게 이르니 내가 꿈을 꾸었으나
해석하는 자가 없더니 들은 즉
너는 꿈을 들으면 능히 푼다 하더라
요셉이 바로에게 대답하여 가로되
이는 내게 있는 것이 아니라
하나님이 바로에게 평안한 대답을 하시리이다
요셉이 바로에게 고하되 바로의 꿈은 하나니이다
하나님이 하실 일을 바로께 보이심이라
일곱 좋은 암소는 일곱 해요
일곱 좋은 이삭도 일곱 해니
그 꿈은 하나이라
그 후에 올라온 파리하고 흉악한 일곱 소는
칠년이요 동풍에 말라 속이 빈 일곱 이삭도
일곱 해 흉년이니
요셉이 바로에게 고하기를
하나님이 하실 일을 바로에게 보이신 것이라
온 이집트 땅에 일곱 해 풍년이 있겠고

후에 일곱 해 흉년이 들므로
이집트 땅에 있던 풍년을 다 잊어버리게 되고
이 땅에 기근으로 멸망되리니
후에 든 흉년이 너무 심하므로 이전 풍년을
이 땅에 기억하지 못하게 되리이다
이제 바로께서는 명철하고 지혜 있는
사람을 택하여 풍년의 모든 곡물을 거두어
이 땅에 저장하여 일곱 해 흉년을 예비하시면
이 땅이 흉년으로 인하여 멸망치 아니하리이다
바로와 그 신하가 이를 좋게 여긴지라
바로가 그 신하에게 이르되
이와 같이 하나님의 신에 감동한 사람을
우리가 어찌 얻을 수 있으리오
요셉에게 이르되
하나님이 이 모든 것을 네게 보이셨으니
너와 같이 명철하고 지혜 있는 자가 없도다
너는 내 집을 처리하라
내 백성이 다 네 명을 복종하리니
나는 너보다 높음이 보좌뿐이니라
바로가 또 요셉에게 이르되
내가 너로 이집트 온 땅을 총리하게 하노라
바로는 자기의 인장 반지를 빼어
요셉의 손에 끼우고
세마포 옷을 입히고 금사슬을 목에 걸고
자기에 있는 버금 수레에 요셉을 태우매

무리가 그 앞에서 소리치기를 엎드리라 하더라
바로가 그로 이집트 전국을 총리하게 하고
요셉의 이름을 사브낫바네라 하고
제사장의 딸 아스낫을 그에게
아내로 삼게 하니라

이스라엘 12부족사회

요셉이 이집트 왕 바로 앞에 설 때에 30세더라
그가 바로 앞을 떠나 이집트 온 땅을 순찰하니
일곱 해 풍년에 토지 소출이 심히 많은지라
요셉이 그 칠년 곡물을 거두어 각 성에 저축하니
저축한 곡식이 바다 모래같이 많아 세기를
그쳤으며 그 수가 한이 없더라

야곱(이스라엘)이 이집트에 곡식이 있음을
보고 아들들에게 이르되
너희들은 어찌하여 서로 관망만 하느냐
야곱이 또 이르되
내가 들은즉 저 이집트에 곡식이 있다하니
너희는 그리로 가서 우리를 위하여 사오라
그리하면 우리가 살고 죽지 아니하리라 하매
요셉의 형(兄) 10인이 이집트로 곡식을 사려고
내려갔으나 야곱이 요셉의 아우 베냐민을
그 형들과 함께 보내지 아니하였으니
이는 요셉처럼 그에게 재난이 미칠까
두렵다 함이었더라

이스라엘의 아들들이 양식을 사려간 것은

가나안 땅에 기근이 있음이라
때에 요셉이 이집트 총리로서
그 땅 모든 백성에게 팔더니
요셉의 형들이 그 앞에 와서 땅에 엎드려 절하매
요셉이 보고 형인 줄 아나 모르는 체하고
엄한 소리로 너희가 어디서 왔느냐
그들이 가로되 곡물을 사려고 가나안에서 왔나이다
형들은 요셉을 알지 못하더라
요셉이 그들에게 이르되
너희들은 정탐꾼이라
이 나라의 틈을 엿보러 왔느니라
그들이 요셉에게 이르되
내 주여 아니니이다 종들은 곡물을 사러왔나이다
우리는 다 한 사람의 아들로서 독실한 자니
종들은 정탐이 아니니이다
요셉이 그들에게 이르되
너희가 이 나라의 틈을 엿보러 왔느니라
그들이 가로되
주의 종 우리들은 12형제로서 가나안 땅
한 사람의 아들들이라
말째 아들은 오늘 아버지와 함께 있고
또 하나는 없어졌나이다

이와 같은 인연으로 야곱 즉 이스라엘과 함께
각기 권속을 데리고 이집트로 갔으니

이스라엘 아들들의 이름은 이러하니라
루우벤·시므온·레위·유다·잇사갈·스불론
단·납달리·갓·에셀·베냐민
이미 이집트에 있는 요셉까지 12형제로
12부족사회의 기초가 되었으니
이때 이스라엘의 혈속은 모두 70인더라

모세의 이집트 탈출

이집트로 들어간 야곱(이스라엘)의 혈속
70인은 430여 년의 세월이 흐르면서
이스라엘 자손은 생육하고 번식하고 창성하여
이집트 땅에 가득하였으니
바로 왕이 이르되
이스라엘 자손이 우리보다 강하도다
두렵건대 그들이 더 많아 전쟁이 일어나
우리 대적과 합세하여 싸우고
이 땅에서 떠날까 두려워하노라
바로 왕이 모든 신민에게 명하여 가로되
이스라엘 남자 아이는 강물에 던져라
이런 시기에 모세(Moses : BC 1500년 경)가 태어나
나일강 가에 버려졌다
마침 모세는 바로의 왕녀에게 발견되어
양육되었으니 최고의 교육을 받고 장성하여
핍박에 항거하다가 미디안으로
도망하여 40년간을 살았다

80세에 신으로부터 민족해방의 사명을 받고
형 아론과 함께 바로를 설복 장정 60여 만과
유아를 거느리고 가나안으로 향해

이집트를 떠난다
바다를 건널 때 바닷물이 갈라지는
기적이 일어나기도 했다
모세는 40여 년간 만난을 극복하고
시나이산에 도착하여 십계명(十誡命)을 선포하고
유일신인 유다교를 확립시켜 민족을 이끌었다
언약의 땅에 들어가려했으나
가나안을 눈앞에 두고 모세는 죽는다

헤브라이인들이 약속의 땅에 돌아오니
그곳에는 이미 가나안인들이 자리 잡고 있어
헤브라이인들이 무력으로 가나안 도시를 공격
모세의 후계자 여호수아 때에 이르러
팔레스타인 지역 전부를 장악하고 12개 부족이
정착하여 각 부족마다 군사적 종교적 지도자인
사사(士師)들이 있어 부족을 다스렸다
기원전 1025년경에 이르러
사무엘(Samuel)에 의해 헤브라이 왕국
최초 왕 사울(Saul : BC 1025-1010)이 선출되어
정치적 통합을 이루게 되었다
사울왕은 전투에서 많은 무훈을 세웠으나
도량이 부족하고 투기심이 강해 백성들의 미움을
사 길보아산 전투에서 패하고 자살했다

제2대왕 다윗(Dawid : BC 1010-971)은

사울왕의 사위이자 부하로 많은 무훈을 세웠고
백성들의 인기가 충천하자
사울왕은 다윗을 시기하였다
다윗은 쫓겨나 피신하여 살았는데
사울왕이 죽고 국토가 팔레스타인들에 의해
유린당하자 다윗은 남북부의 모든 부족을 규합
전투를 벌여 국토를 회복하였다
왕국의 수도를 예루살렘으로 정하고
각 부족의 군사력을 모아 요르단강 동쪽 지역과
다마스커스를 포함 시리아의 일부 지역까지
세력을 확대하여 예루살렘은
유일신 숭배지가 되었다

지혜의 왕 솔로몬

헤브라이 왕국은 다윗왕의 아들
솔로몬왕(Solomon : BC971-932) 때에
가장 큰 번영을 누렸다
솔로몬은 이집트의 왕녀와 결혼하여
동맹을 맺고 국내 건설과 국경 방위에 힘썼다
예루살렘 궁전을 비롯 장대한 도시를 건설
외국과의 통상을 맺어 왕국의 전성기를 이뤄
'솔로몬의 영화'라고 칭송되었다
그는 지혜의 왕으로도 명성이 높았다
문학에도 뛰어나 헤브라이 문학의 시조로 알려졌다

솔로몬 왕 시대인 기원전 900년경
그리스에서 폴리스라고 하는
소단위 도시국가가 생겨나기 시작하였다
그리스에는 산과 언덕이 많아 처음에는
마치 다른 민족인 듯 사방에 흩어져 살다가
마을이 커지면서 도시를 이루고
도시 중심으로 작은 나라들이 형성됐다

번영을 구가하던 솔로몬왕 시대의
모순(矛盾) 중 가장 큰 문제는 헤브라이인들의

부족주의였다
솔로몬 왕은 통일왕국의 기반을 공고히 하려고
전통적인 12부족주의를 해체하고
중앙집권 관료체제로 개편하였다
각 부족들의 반발이 거셌지만 솔로몬은
자기주장을 굽히지 않았다
큰 토목공사를 일으켜 백성을 노역에 동원하고
무리한 세금을 징수했다
정치적 사회적 안정의 기초 없이
무리한 경제를 운영한 왕의 번영이 지닌 모순은
그가 생존해있는 동안은 은폐될 수 있었다

솔로몬 왕이 사망하고 그의 아들 르호보암이
새로운 왕으로 즉위하자
불안하기 시작해 결국 북부 10개 부족은
사마리아를 중심으로 반란을 일으켜
'이스라엘'이라는 새로운 국가가 탄생했다
남부의 2개 부족은 예루살렘 왕에 대한 충성을 계속했는데
이 국가를 '유다왕국'이라고 했다

이스라엘·유다 왕국

두 왕국은 싸움을 거듭하면서 기원전
800년경까지는 메소포타미아·이집트 등
강대국들 간의 세력 균형으로 인하여
독립을 유지할 수 있었다
그리스의 도시국가 형성되고 약 200년 후인
기원전 700년경에는 로마가 건국되기 시작하였다

이때 오리엔트 강대국 간의 세력 균형이 무너지고
앗시리아가 새로운 강자로 등장
기원전 722년 이스라엘 왕국을 정복하고
중심도시인 사마리아를 파괴하였다
'이스라엘' 지도자들을 포로로 잡혀갔으며
남부의 '유다왕국'은 앗시리아의 속국이 됐다

앗시리아가 신바빌론 왕국에 의해 정복되자
유다 왕국은 신바빌론 왕국에 처절히 저항했으나
기원전 586년 붕괴되고 주민들은 바빌론에
끌려가가 억류생활을 하였다
바빌론에 포로로 잡혀간 지도자들과 백성들
이를 '바빌론 유수(幽囚)'라고 한다
이들은 페르시아왕 키루스가 바빌론을 정복한

후인 기원전 539년에 고국에 돌아갈 수 있었다
헤브라이인들은 바빌론에 억류되어 있는
동안에도 자신들의 전통을 고이 간직했으며
이때 예언자들이 많이 나왔다
포로생활을 마치고 고국에 돌아온 후 점차로
부족주의를 버리고 자신들의 대표부족인
'유다족'을 중심으로 단결하고
이들은 유다인(猶太人)으로 불리게 되었다
이 무렵 『구약전서』가 완성되었다

메소포타미아 문명

메소포타미아 문명은 기원전 3500년경
남부 지역에 들어온 수메르인이 만들어낸
문명으로 티그리스강·유프라테스강은
터키 계곡에서 발원하여
페르시아만으로 흐르고 있다
강 유역은 주변의 사막·고원이 여러 민족에
개방되어 수많은 민족의 이주와
정복·지배자가 뒤바뀐 역사와
수메르인의 홍수신화는 『구약전서』 창세기
노아의 홍수를 탄생시켰다
기원전 586년 유대인들이 나라를 잃고
바빌론에 끌려가 포로생활(바빌론 유수)을 하면서
그곳에서 들은 수메르인의 홍수 전설을 기억하고
기원전 400년경 창세기를 최종적으로 편집할 때
유대인의 신화로 변형
노아의 홍수 이야기를 만들었다고 한다

수메르인은 일찍이 문자가 있었다
문자의 처음 형태는 선형문자(線形文字)로
쓰기와 표현에 어려움이 많았다
후에 쐐기 모양의 설형문자(楔形文字)를

만들어 갈대 줄기를 팬으로 진흙판 위에
설형문자를 적고 불에 구워 보존하였다
후세에 페니키아인(레바논)들이 설형문자를
다듬어 알파벳을 만들었다
페니키아 문자가 오늘날 알파벳의 시조다
예측할 수 없는 메소포타미아의 기후는
두려움과 공포 속으로 민심을 끌어
자연숭배 현상으로 신앙을 싹트게 했으며
종교지도자들의 입김이 강해지게 되었다

로마 지배하의 유대인

오늘날의 중동 오리엔트를 통일한 페르시아가
기원전 330년경 몰락하고 세계의 중심은
동(東)에서 서(西)로 옮겨가고 있었다
솔로몬의 영화는 압정(壓政)으로
유대인들은 남북으로 갈라져
북은 이스라엘 남은 유다였다
앗시리아·이집트·바빌로니아 등 강대국의 침입이
가중되면서 부유한 지배층의 불의와 부정은
가난한 백성을 도탄으로 몰아갔고
예언가라 불리는 경세가들이 나와 불의와
부정을 규탄하고 나섰다
그들의 호소는 유일신 여호와에 대한 충성이었다
여호와에 대한 신앙을 버리지 않고
율법을 지키면 여호와가 나타나
그들을 구출해 줄 것이라 믿었다
50년간 바빌론 유수(幽囚) 때에도 여호와에 대한
신앙을 굳게 지켰으며 바빌론을 정복하고
오리엔트를 통일한 페르시아 왕 키루스로부터
귀국해도 좋다는 허락이 있을 때에도
그들은 신의 은총이라 생각했다
유대인들은 예루살렘에 모여 신전을 재건하고

모세의 율법을 지키면서 새롭게 출발했다
그러나 약속된 영광의 메시아(구세주)는
그들 앞에 나타나지 않았다
페르시아의 지배
알렉산더의 지배
알렉산더의 사망으로 분파된
셀레우코스왕조(시리아왕조)의
지배를 받아야 했다
기원전 63년 셀레우코스왕조가
로마의 속주가 되면서 로마의 지배하에 들어간 유대인들
이때 유대인 정복과 관련된 장군들은
크라수스·폼페이우스·시저·안토니우스
이때도 유대인들은 메시아가 와서
그들을 완전히 해방시키고
세계 지배의 날을 간절히 간구했다

유대를 정복한 로마는 간접통치제로
헤롯(Herod : BC74-BC4) 왕을 내세웠다
헤롯은 악독하고 잔인하지만 추진력 있는 사나이로
변화무쌍한 로마 정치정세에 잘 대처해가고 있었다
헤롯 왕의 후비 10명으로부터 수십 명의 자녀가
출생해 왕실이 어지러워지면서
후비와 반항하는 자식들을 죽이니
이 소식이 로마에 전해졌다

로마의 초대황제 아우구스투스는
“헤롯의 아들이 되는 것보다 차라리
헤롯의 돼지가 되는 쪽이 낫구나”하고 비웃었다
제 아들을 죽이는 헤롯이 유대교의 계율을
지키느라 돼지를 잡아먹지 않았기 때문이다
헤롯 왕이 죽은 뒤 영토는 세 아들에게 분할됐다
유다와 사마리아 지역은 아르켈라우스에
갈릴리 지역은 헤롯 안티파스에게
나머지 영토는 필립에게 배당되었다
헤롯 안티파스가 왕이 되던 기원전 4년에
예수가 탄생한다

예수의 탄생

예수가 탄생하던 기원전 4년은
우리나라에서는
신라의 시조 박혁거세(朴赫居世)
백제의 시조 온조왕(溫祚王)
고구려 제2대 유리왕(瑠璃王) 치세 때의 일로
헤롯 안티파스는 마굿간에서 태어난
아기 예수가 '후일 메시아가 된다는 예언'에
두 살 이하의 아기는 모조리 죽이라는
명령을 내렸다

세례 요한

당시에는 여러 당파가 있었다
헤롯당·사두개인·바리세인·열심당·엣세네파 등
친(親)로마파는 헤롯당과 사두개인이고
민중의 지지와 지도력을 가진 것은 바리세인으로
반(反)로마적이었으나 무력 충돌은 반대했다
열심당은 반로마파로 무력 봉기도 불사한다는 입장이었고
엣세네파는 황야와 서해 부근에서
금욕적 계율적인 교단생활을 했다
예수가 올 것을 예언한 세례 요한은
엣세네파에서 독립한 사람이다
요한은 스스로를 '황야에서 외치는 소리'라며
요르단강 하류에서 설교했다
그의 설교를 듣고 회개한 사람들은
요한의 손에 씻기움을 받음으로써
그를 세례 요한이라 했다

세례 요한은 로마에 대한 무력을 배제하고
율법학자들을 어둠의 아들이라 꾸짖어 회개를 촉구하였다
부당한 징세로 로마에 충성하는 세리(稅吏)·군의

권력 남용을 싸잡아 비난했다
특히 헤롯 안티파스의 부정한 사생활을 면전에서
꾸짖고 회개하라 외쳤다
그러는 가운데 예수는 30세가 넘어서
세례 요한에게로 세례를 받으러 갔다
세례를 받은 예수는 황야로 들어가 40일간
금식기도를 하며 여러 가지 고통을 이겨내고
갈릴리에서 만민구원의 설교를 시작하였다

헤롯 안티파스 왕

유대인의 색욕(色慾)에 대해 로마의 역사가
타키투스는 유대인은 육욕이 강한 민족이라 했다
유대인들은 전 세계에 열 그릇의 매음(賣淫)이 분배되어 있는데
아홉 그릇을 아라비아인이 차지했다고 하여
색광으로 몰았다
문제의 헤롯 안티파스는 부왕 헤롯에 버금가는 색광이었다
자신의 이복형제와 결혼했던
그의 조카딸 헤로디아와 재혼해 살았다
형제의 처를 빼앗은 자는 용서할 수 없다
세례 요한은 헤롯 안티파스를 면전에서 힐책하였다
화가난 안티파스는 요한을 체포
사해 연안에 가둬두고 죽이지는 못했다
남편의 우유부단한 태도에 불만을 품은
헤로디아 왕비는 증오에 떨면서
죽일 궁리를 하고 있었다
헤롯 안티파스의 생일날이었다
고관대작과 로마 군인들이 초대되었다
손님을 위해 왕비나 왕녀가 춤을 추는 것은
최고의 환대였다

안티파스가 왕녀를 부르려 하자
신하가 말하기를
“이왕이면 알몸을 보여주시기 바랍니다”
안티파스는 와스티 왕비를 불러냈다
그녀는 완강하게 거절했다
분통이 터진 왕은 왕비의 목을 잘라 손님에게 보였다

이때 헤로디아 왕비에게는
전남편의 딸 살로메가 있었다
그녀는 알몸에다가 얇은 베일을
살짝 감은 요염한 모습으로 춤을 추었다
안티파스 왕은 도취되어 네가 원하는 건 모두 주리라
나라의 땅을 갈라 달라면 그리하리라
그 말을 듣고 살로메는
어머니 헤로디아에게 다녀와서는
“땅도 싫고 돈도 싫습니다
오직 세례 요한의 머리를 주십시오”
헤롯 안티파스의 얼굴이 갑자기 창백해졌다
그러나 약속은 약속인지라
요한의 목이 쟁반에 담겨져 왔다
요한의 제자들은 머리 없는 스승의 시체를 묻었다
서기 28년의 일이다
헤롯 안티파스는 그로부터 악몽에 시달렸다
이스탄불 관광 때 박물관에서
요한의 손이라는 것을 본 일이 있다

팔뚝까지 올라가는 고무장갑 같은 순금케이스에 담
겨져 있었다
오스만 터키가 시리아에서 전리품으로 탈취해온
예수에게 세례를 준 손이다

유대인의 신앙

유대인의 신앙에는 자신들 만이
신의 구원을 받을 수 있다는 우월감과
선민사상이 뿌리 깊게 박혀 있다
그들은 어려울 때 여호와께서 자신들을
구원해줄 메시아를 보내실 것이라는
메시아사상을 유대교의 근간으로 한다
로마의 식민지가 된 유대인들
절망에 가까운 삶을 살아야 하는 백성들
대제사장과 율법학자들은 로마제국의
위용에 눌려 기득권 유지에 국민을
억압하면서도 메시아가 올 것을
은근히 바라고 있었다
억압을 피부로 느끼면서 살아가는
가난한 사람들은 더욱 그런 희망을 품었다
잔학무도한 로마인을 무찌르고
우리를 구원하러 오실 거라는
간절한 희망을 가지고 그를 기다렸는데
예수가 나타났다
예수의 가르침은 복음신앙(福音信仰)이다
유대교의 편협함과 선민사상에서 벗어나
하나님에 대한 믿음·이웃사랑을 강조하면서

복음을 믿고 죄를 회개하면 누구든지
하나님의 나라에 갈 수 있다는 만민평등의
구원사상을 가르쳤던 것이다
그의 가르침은 굶주린 백성과 박해받는
사람들에게는 가슴에 와 닫는 것이었으나
기득권층으로부터는 배척을 당했다
비천한 출신의 예수가 백성들에게
존경받는 게 못마땅했다
지금까지 누려온 특권과 권위에 대한 도전이라고 생각해
예수를 메시아로 기대했던 백성들
실제 그가 말하는 '신의 나라'는 로마의
지배를 벗어난 현실의 국가가 아니라
정신적인 것에 불과하다는 데 실망하고
예수에게서 민심이 멀어지기 시작했다
그러자 사두개인과 바리세인들은
예수의 12제자 중 가롯 유다를 매수하여
예수를 모함했다
유대인의 최고평의회는 신을 모독했다는 죄로
사형을 선고하였지만
유대인에게는 형의 집행권이 없었다

로마총독 빌라도

예수는 본디오 빌라도(Pilate : 26-36)에 인도되었다
로마총독 본디오 빌라도는 예수의 죄가 없음을 확인했다
그러나 지도층의 선동을 받은 유대인들은
십자가에 못 박으라고 소동을 피웠다
로마 황제의 적인 이 사내를 용서해준다면
당신은 충신이 아니다
우리에겐 로마 황제뿐이라고
빌라도의 급소를 찔러 하는 수없이
서기 30년 골고다 언덕에서
예수를 십자가에 못 박았다
십자가에 못 박힌 예수는 죽은 지
사흘 만에 부활(復活)한다

크리스티안

예수를 예배하는 교단 그리스도 교회가
예루살렘에서 최초로 생겨났다
베드로·요한·야곱이 중심이 되어 유대교와
분리되지 않은 채 신전예배나 율법을 엄수했다
그리스도교 신자 스테파노(스테반)가 유대교를
공격하다가 돌에 맞아 죽는 사건이 벌어져
이후 유대교는 그리스도교를 박해하기 시작했다
유대교의 위세에 밀린 그리스도교는
팔레스타인 밖으로 쫓겨나게 되었고
시리아 안티오키아에서
이들을 '크리스티안(Christian)'이라고 한 것이
오늘에 이르고 있다

사도 바울

소아시아에서는
안토니우스와 클레오파트라가 건설한
타로스라고 하는 신도시가 있었다
타로스 출신의 유대인 바울(Paulos)이
부유한 가문에서 태어나 예루살렘에서
유대교 율법을 배우고 로마시민권을
획득한 그리스적 교양을 갖춘 지식인이었다
그리스도 탄압을 위해
시리아의 다마스커스 원정 도중
예수의 음성을 듣고 그길로 예루살렘에 가서
베드로와 야곱을 만나 개종하고 그리스도교
전도에 나서게 되었다

지금의 터키 지방인 소아시아의 서부와
그리스·마케도니아 등
그의 발길이 닿지 않는 곳이 없었다
유대인들이 사는 곳
철학자들이 모이는 강당이나 길거리 광장
어디서든 설교하면서 바울의 전도여행은
그리스 아테네에 이르렀다
아크로폴리스 언덕 맞은편 아레오파고스

언덕에서 스토아·에피쿠로스학파의 과학자들에게
신교를 소개했다고 해서 아레오파고스 언덕에
그의 기념비가 세워졌다
그의 행적을 기념하는 헬레니즘과 헤브라이즘이
상봉하는 계기로 헬레니즘의 주인 그리스인과
헤브라이즘의 주인 유대인의 기념비가
관광객의 발길을 잡는다
코린트(고린도)에는 바울이 설교했다는
초대교회가 있다
바울은 유대인·그리스인 가릴 것 없이 모두
그리스도교를 전도하여 세계의 모든 민족을
그리스도교 하나로 묶어 놓겠다는 원대한 사명감을
가지고 전도 여행을 통해 기독교의 기초를 세웠다

바울은 서기 56년 예루살렘으로 갔다가
편협한 유대인들과 충돌·폭행당하고
체포되어 서기 61년 로마로 호송되었다
바울이 로마에 왔을 때는 네로의 시대로
폭군 네로의 박해를 피해 로마 교외로 나가던
베드로는 안개 속에서 예수의 영상을 보았다
"주여 어디로 가시나이까"
"로마에 가서 십자가에 못 박히겠다"
예수의 말에 베드로는 마음을 고쳐먹고
로마에 가서 십자가에 못 박혀 순교했다
서기 67년의 일이다

바울도 베드로와 함께 순교했다고 한다
네로 황제의 박해 이후 그리스도교는
로마제국 전역으로 확대되어 갔다

초기 그리스도교

그리스도교는 이스라엘의 민족종교인
유대교를 모태로 탄생
유대교 율법 존중으로부터 사랑의 종교로
이스라엘 민족의 구제라는 민족종교로부터
전 인류의 구제를 지향하는 세계종교로 발전했다
예수 그리스도의 탄생
로마제국이라고 하는 세계국가의 형성
바울과 베드로와 같은 지도자
그리스철학의 흡수 등의 요인이 작용했다
처음 로마는 그리스도교에 무관심하다가
그리스도 교인들이 교세확장에 따라 황제예배를
거부하고 병역을 거부함해 박해가 사작되었다
최초의 박해는 네로(Nero : 54-68)의 박해였다
그러나 화제의 누명을 쓰고 희생된 것이며
순수한 종교 박해는 아니었다
네로의 박해는 잔인하여 짐승의 가죽을 뒤집어
씌워 개로 물게 하고 십자가에 매달려 죽게 하고
역청을 담은 통에 처넣고 불을 당겨 태우는
이런 횃불은 네로가 무시무시한 광경을 즐겨
산책하는 정원을 밝혔다
당시 기독교인들은 도처에서 욕을 먹었다

심지어 네로 황제를 극도로 증오하던 타키루스
같은 특출한 저술가도 그리스도교를 가장 해로운
미신으로 기록하고 혐오스런 존재들이라 비난
인류의 적으로 몰아 죽여야 한다고 했다
그리스도교 박해가 가중된 것은
데키우스(Decius : 249-251) 황제
디오클레티아누스(Diocletianus : 284-305)
황제의 치하에서 였다

그러다가
콘스탄티누스(Constantinus : 306-337) 대제는
서기 313년 최초의 그리스도교 공인자가 되어
325년 니케아 종교회의를 열어 정통 교리를 정하고
이단적 전통이 강한 로마를 떠나
비잔티움(콘스탄니노플-이스탄불)으로 천도하였다
그 후 테오도시우스(Theodosius:379-395) 황제는
그리스도교를 로마의 국교로 정하고
392년 로마를 두 쪽으로 나눠
장남에게 동로마제국을
차남에게 서로마제국을 주어
서로마와 동로마의 시대가 열리게 되었다
서로마는 476년 게르만족에 의해
동로마는 1453년 터키에 의해 멸망했다

통곡의 벽

네로 황제 박해 이후 그리스도교가 로마제국
안에 크게 퍼지고 있을 때 이스라엘에는
유대 민족주의자 비밀결사대가 결성되어
서기 66년 제1회 유대전쟁이 일어나
예루살렘 독립정부를 세웠다
요직에 대제사 유대인 지배층을 앉혔으나
67년 로마의 대반격이 시작돼 유대인들은 쫓겨
쿰란의 황야종단은 종교문서[1]를 동굴 속에 묻고 피난했다
당시 로마는 네로 황제가 그리스로 예술여행을
떠나 정치가 문란해지고 68년 친위대가 반란을
일으켜 네로는 로마 근처 농가에 피신해 있다가
31세로 자살하였다

반란은 곧 권력 쟁탈전으로 연결됐다
유대전쟁을 수행하던
로마의 장군 베스파시아누스가 귀국해
황제 쟁탈전에 가담하기 위해 유대전쟁은
장남 티투스에게 맡겼다
티투스는 70년 4월 예루살렘을 포위하고 공격을

1) 1947년 한 목동이 우연하게 발견한 서해문서(西海文書)

개시 8월 29일 신전을 점령했다
계단 주위에는 시체가 쌓여
그 피가 성소의 계단을 흘러내렸다
헤롯왕 때 개축을 시작해 80년 만에 완공된
성전은 8년 만에 불타버렸고 불길 속에서
끄집어낸 보물로 빵을 올리는 받침대와 7개의
황금 촛대·은나발 2개 등
노획품을 들고 개선하는 로마군의 모습은
로마 개선문에 새겨져 있다
그 후에 유대인들은 3년간 저항하다가
가족들과 함께 전원 자결하여 예루살렘의 폐허는
그대로 방치되었다

귀국해 황제 쟁탈전에 참여한
베스피아누스는(69-79) 내란을 수습하고
황제가 되었다
그는 카피톨 언덕의 건축물·콜로세움 등
공공토목공사를 일으켜 로마 번영에 크게 공헌했다
그의 장남 티투스(79-81)도 아버지의 뒤를
이어 황제가 되었다

제1회 유대전쟁 후 예루살렘의 폐허는 방치되었다가
60년 후인 132년 로마 오현제의 한 사람인
하드리아누스(117-138)가 재건하여
예루살렘은 이교(異教) 도시로 신전 자리에는

로마의 주피터 신전을 세우려다가
제2의 유대전쟁이 일어나게 되었다
처음은 유대군의 승리였으나 로마군이
증파되면서 사정은 달라졌다
유대 반군들은 동굴 속에서 필사적으로
저항하다가 135년 전멸했다
유대인의 소망은 산산조각 나고 하드리아누스는
계획대로 예루살렘에 주피터 신전을 세웠다

그 후 유대인은
예루살렘에 들어갈 수 없게 되고 이를 위반하면
사형에 처했으나 1년에 한번 예루살렘 함락일인
8월 29일 만은 허용했다
신전이 불타버린 폐허의 벽에 머리를 대고
통곡하는 기도가 허용됐다
유대인들은 1948년 이스라엘이 건국될 때까지
2000여 년 동안 나라 없는 유랑민 생활을 했다

세상이 왜이래?

요즘 세상이 어지럽다
코로나19로 '집콕' '방콕' 생활을 하면서
그나마 TV를 틀면 K-트롯 열풍으로
많은 위안을 받고 있다
노래 가사 속에는 애환이 서려 있다

훨훨훨[2)]

사랑도 부질없어 미움도 부질없어
청산은 나를 보고 말없이 살라하네
훨훨훨 훨훨 벗어버려라 훨훨
사랑도 미움도 버려라 훨훨
아~ 아~ 물같이 바람같이 살라하네

탐욕도 벗어놓고 성냄도 벗어놓고
창공은 나를 보고 티 없이 살라하네
훨훨훨 훨훨 벗어버려라 훨훨
탐욕도 성냄도 버려라 훨훨
아~아~물같이 바람같이 살라하네

---

2) 가수 김용임의 노래

5부
대변혁의 시대

서로마의 멸망

백제 제21대 개로왕이 475년
서울 광진구 아차산성에서
고구려 장수왕에게 무참하게 살해되고
문주태자는 부왕의 시체를 부둥켜안고
통곡 슬픔 속에서 즉위한
제22대 문주왕(文周王 : 475-477)은
그해 겨울 웅진(熊津-公州)으로 천도하였다
이처럼 백제가 어려움을 겪고 있을 때인
476년 서로마는 1천 2백 여 년 만에 멸망했다
로마 황제 테오도시우스는
종교정책에만 몰두하고 있었다
그리스도교 이외의 종교는
모두 이교(異教)로 취급되어 추방되었고
신전은 모두 파괴되고 영지는 몰수했다
황제는 죽으면서 로마제국을 동서로 분할
두 아들에게 물려주었다
이 분할은 원래 공동지배에 불과했으나 차츰
동·서의 양쪽은 제각기 다른 독립국가의
형태로 바뀌어갔다
이러한 제국의 분할은 제국의 힘을 양분시켜
드디어 제국자체의 멸망을 초래하는 원인이 되고

말았다

5세기에 접어들면서 게르만족의 침입은
다시 격화되기 시작했다
로마제정시대는 겉만 화려했을 뿐
속은 곪아가고 있었다
멸망 원인은 도덕의 타락·동서로마 간의 반목
게르만족의 침입·인구의 감소·기독교 유입에
따른 로마인의 탈세속화 등의 여러 원인을
들 수 있지만 이는 겉으로 나타난 현상일 뿐
그 원인들이 드러나게 된 것은
로마의 중핵을 이루던 중소·자영농민층이
몰락하여 로마제국의 사회구조가 변질되고
있었다는 데에서 찾을 수 있다
로마제국의 멸망은 건전하고 안정된
중산층을 지니지 못한 데서 비롯된
빈부격차의 문제를 근본적인 차원에서
해결하지 못하고 부자의 자선적인 성격이 농후한
빈민에 대한 복지정책을 통해서만
해결해 나갈 때에
그 사회의 종말이 어떻게 되는가 하는 것은
오늘날 우리들에게 던져주는
훌륭한 교훈이 되고 있다

공포의 흑사병

14세기 중세에 발생한 흑사병은
백년전쟁과 함께 유럽 중세에 종지부를
찍게 한 사건이었다
흑사병은 1346년 경 크리미아반도
남부 연안으로부터 콘스탄티노플을 거쳐
제노아 베네치아·시칠리아에 전해지고
1347년에는 이탈리아 전체에 만연했다
1348년에는 프랑스 전체를 휩쓸었고
1349년에는 영국 전체를 공포로 몰았다
1350년에는 북부유럽에 번져
아일랜드 러시아에까지 이르렀다
약 5년간 흑사병의 유행은 전 유럽에
엄청난 결과를 가져왔다
도시인구의 절반이 감소하고 아비뇽에서는
추기경의 절반이 죽었다고 했다
유럽 인구의 3분의 1이 감소하였다
이렇듯 중세 유럽의 사회기강을 무너뜨리고
유럽인들을 공포의 도가니로 몰아넣었던
흑사병으로 인해 봉건사회 붕괴과정을
더욱 촉소시켰던 것이다

고려 제31대 공민왕이 충정왕을 밀어내고
즉위하던 1351년경 흑사병이 고개를 숙이자
악성루머가 난무하였다
특히 유대인들이 샘물이나 우물에 독을
탔다는 소문은 유대인 학살로 이어졌다
유대인들은 생매장되거나 불더미에 던져져
타 죽었다
유대인들이 이렇게 당하게 된 것은
그리스도교도들이 미워해온 이교도로서
예수를 죽였다는 것
그들은 상술이 뛰어나 돈을 너무 잘 번다는
이유였다
당시의 유대인은 완전히 사회에서 소외된
존재였으며 반유대적 감정이 격화되었다
거의 모든 생업에서 발을 붙이지 못하게 된
유대인들은 그리스도교에서 금지된
대금업(貸金業)에 종사할 수밖에 없었다
영국의 유명작가 셰익스피어의 작품에
나오는 샤일록은 악질 고리대금업자였다

동로마의 멸망

476년 서로마는
게르만의 용병대장 오도아케르에게 멸망해
게르만 사회로 변하고 있었다
그러나 게르만은 로마문화에 흡수되어
로마화하고 있을 때 동로마는
게르만의 서진으로부터 위기를 모면하고
그리스적 동방사회로 바뀌어가고 있었다
교회는 그리스정교·동방교·비잔틴교회로 변했다

서기 600년경 사우디아라비아에서 일어난
이슬람교 사라센의 모래바람을 타고 새로 등장한
셀주크 터키에 소아시아를 상실한
동로마제국은 정신이 혼미해졌다
동로마제국(또는 비잔틴제국)의 부흥을 다짐한
황제 알렉시우스 1세는 우르반 2세에게 원조를
요청 성지 탈환을 위한 십자군을 제창하는 등
강열한 신앙심으로 전 유럽이 십자군운동에
동참하고 있는 사이
소아시아 패권은 셀주크 터키에서
오스만 터키로 넘어갔다

칭기즈칸 이후 아시아의 대정복자
티무르에게 결정타를 맞고 멸망 직전에 이르렀던
오스만 터키는 1451년 21세의 메메트 2세가
제7대 술탄(왕)이 되었다
메메트 2세의 목표는 조상들이 꿈꾸던
동로마제국의 수도 콘스탄티노플을 공략하는 것이었다
조선에서 김종서·황보인이 수양대군에게 죽던
1453년 4월 5일 메메트 2세는 콘스탄티노플
진격명령을 내렸다
동로마제국의 황제 콘스탄티누스 12세는
메메트 2세의 항복제의를 거절했지만
자신이 없었다
밤이 되어 사기충천한 터키군의 함성 속에
동로마 황제는 성벽 위에서
눈물을 흘리고 있었다
메메트 2세는 말 위에 올라 철퇴를 휘두르며
싸움을 독려하는 가운데
동로마 황제가 칼을 맞고 쓰러졌다
콘스탄티노플이 드디어 함락되었다
소피아성당 문을 잠그고 천사가 나타나
터키군을 섬멸시켜달라고 기도하던 군중 앞에
피 묻은 칼을 든 터키군사가 들이닥쳤다
부수고 찌르고 할 때에 말에서 내린
메메드 2세는 한 줌 흙을 머리에 뿌리고

소피아성당으로 들어가
살아남은 기독교도를 귀가시켜 주었다
이슬람 학자를 불러 단상에서
코란을 낭독케 한 메메트 2세는
이렇듯 1천년 동로마제국을 멸망시켰다
콘스탄티노플은 곧 이스탄불로 고쳐
터키의 수도가 됐고
그로부터 2년 후 수양대군(首陽大君)이
조선 제7대왕 세조(世祖 : 1455-1468)로 등극하였다

티무르 제국

주원장이 칭기즈칸의 원(元)나라를 멸하고
1368년 명(明)나라를 창업할 즈음
중앙아시아를 정복하고
사마르칸트에 도읍 티무르제국을 건설한
35세의 티무르(Timur : 1336-1405)는
칭기즈칸을 본받아 세계통일을 꿈꾸며
동서사방을 병마로 달리고 있었다
사마르칸트 남쪽에 사는 한 부족의 아들로
태어나 높은 교양을 갖춘 이슬람 신도였다
티무르는 몽고출신의 샤머니즘 신자인
칭기즈칸과 달랐으나
정복하는 수단만은 칭기즈칸을 닮았다고 했다

티무르는 중앙아시아 방면 칭기즈칸의
둘째 아들의 나라인 차카타이한국(汗國)을
합병하고 이란 북부 타브리즈에 도읍한
일한국(汗國)을 정복한데 이어 러시아 방면
킵차크한국(汗國)의 내란에 간섭해
칭기즈칸 아들들의 나라들을 철저하게
괴롭힌 인물이다
정복한 곳마다 관개시설을 파괴하고

주민을 학살해 머리로 피라미드를 쌓는
잔학성을 보였다
1387년 이란의 고도 이스파한 함락 때는
시민 7만 명 가운데 이슬람학자와 문학자를
제외한 전원을 학살 성벽에다가 20개의
피라미드를 쌓았다
이어 사마르칸트를 중심으로 해서
남러시아·이란·아프카니스탄 등지로 정복의
발길을 돌려 이라크의 바그다드를 공략하고
북쪽으로 진로를 바꿔
아르메니아·카프카스·우크라이나·제노바의
식민지 킵차크한국(汗國)의 수도 사라이를
폐허로 만들었다

조선왕조 태조 이성계가 둘째 아들 정종에게 양위하던
1398년에 티무르는 힌드쿠시 산맥을 넘어
투굴루크 왕조 델리(인도)를 공격할 때
그의 나이는 63세로 이슬람을 위한 성전이란
명분을 내걸고 출발한 그는 인도의 델리왕조
역시 이슬람국으로 성전이란 말은 어울리지 않았다
인더스강을 건너 델리에 육박한 티무르는
10만 여 명의 주민을 살육 12월에 입성했으니
잔학성은 인도 이슬람의 아성인 모스크까지
파괴해버리고 1399년 4월 막대한 전리품을

안고 사마르칸트로 회군하였다
티무르 인도 원정은 성전이 아닌 약탈행위였다
사마르칸트로 귀환한 티무르는
대성당의 머릿돌을 놓고 원정을 떠났는데
저 유명한 '7년 원정'이다
그의 원정 첫발은 아제르바이잔이었다
그곳 총독은 티무르의 아들로 낙마하여
정신이상자가 된 아들은 민심이반으로 반란과
외침(外侵)을 초래해 곤경에 처해있었다
티무르는 아제르바이잔을 평정한 다음
소아시아로 들어가 현재 터키의 수도인
앙카라에 이르렀다
티무르 생애에 가장 어려운 강적 오스만 터키
(1299-1922)의 제4대 술탄 바야지드 1세
(1347-1403)를 만난 것이다
1396년 십자군을 니콜라스 전쟁에서 물리치고
이슬람 세계에 자기의 위신을 한껏 높이고
있던 바야지드가 동로마제국의 수도
콘스탄티노플을 공격하고 있을 때 티무르의
침입을 받은 것이다
터키 황제 바야지드는 아버지의 유지를
받들어 세르비아를 정복하고 콘스탄티노플을
포위하고 헝가리·보스아니아·그리스를 공격하고 있었다
1402년 7월 앙카라 동북쪽에서

바야지드와 티무르 두 영웅이 대결하였다
양군의 병력을 합하면 100만 명으로 패하여
도주하던 바야지드는 낙마해 포로가 되었다
티무르는 포로가 된 그를 후대했다
그러나 바야지드 황제는 1403년 화병으로 죽었다

이때 유럽의 여러 나라들은
티무르의 행동을 주시하고 있었다
오스만 터키가 발칸반도를 침략하고
동로마제국을 포위하여 곤궁에 빠뜨리자
유럽 여러 나라들이 좌불안석일 때 티무르가
나타나 이를 물리쳐 주었으니 얼마나
반가운 일이었을까
앙카라 싸움에서 승리한 티무르는 1404년
사마르칸트로 귀환했다
이 늙은 영웅의 가슴 속에는 웅대한 야심의
불이 꺼지지 않고 있었다
광대한 중국을 정복해 그 백성들을 이슬람에
귀의시키려는 것이 평생의 꿈이었다
참모회의에서 중국 원정이 결정되었다
보병 20만 기병 20만으로
1404년 12월 진군명령을 내렸다
중국은 명나라 초기로
제3대 황제이자 일세의 영웅 영락제(永樂帝 : 1402-1424)의 시대였다

조선 제3대왕 태종 이방원의 시대였다
티무르의 군대는 1405년 1월 중앙아시아를
넘는 강행군으로 혹한 속에 오트라르에 도착했다
티무르는 온몸에 고열로 신음하다가 70세로 죽었고
1500년 이번에는 터키족이 사마르칸트를 점령하면서
티무르왕조는 멸망했다

그러나 티무르의 5대손 바베르는
중앙아시에서 아프카니스탄을 거쳐 인도를 침공
델리 지방을 점령하고 뱅골에 이르는
북인도 지방을 통일하였다
인도를 평정한 바베르(Baber : 1526-1530)는
인도 무굴왕조의 창시자가 되어 1858년까지
332년간 인도를 통치하는 대장정의 길을
터놓고 간 역사적 인물로 기록되고 있으며
7대 불가사의의 하나인 인도의 타지마할이
이 정복왕조의 작품이다

이슬람교

오랜 세월 사막으로 가로막힌
사우디 아라비아 땅은 이집트 문명·메소포타미아
문명·페르시아 문명에 둘러싸여 있으면서
오리엔트 문화와 동떨어진 유목생활로
고립되어 있었다
홍해에 인접한 몇 군데에 오아시스가
도시의 발달을 촉진했다
대상들이 낙타를 타고 멀리는 유럽까지
아시아의 진귀한 상품을 팔러 다녔다
이때 6세기경 동로마제국과
페르시아제국 간 전쟁이 일어나면서
아시아와 유럽의 무역이 페르시아 땅을
거치지 않고 아라비아 반도 남쪽을 통해 이뤄졌다
남서해안 오아시스의 도시들이 갑자기
활기를 띠며 메카와 메디나가 번영하고
6세기 말 메카에서
마호메트(Mahomet : ?-632)가 탄생했다

일찍 부모를 잃은 양치기 소년 마호메트가 청년이 되면서
시리아·메소포타미아로 장삿길을 떠난다

밖에서 오리엔트 문화를 만난 마호메트
제 나라 문화가 뒤져 있음이 가슴 아팠다
아라비아인들은 사막에서 단련되어
용감하고 전투적이고 강인한 기질에
술 좋아하고 무속을 숭상해 거석(巨石)과
신목(神木)에 기도를 했다
마호메트는 무지한 백성들을 바른길로 인도하고
아라비아인 전체의 양민화를 위해
종교의 힘을 빌리기로 하였다
마호메트는 외지로 장사를 다니면서
그리스도교와 유대교에 대한 지식을 쌓고
중년에 이르러 알라신의 예언자가 되라는
계시로 새로운 종교를 전파하기 시작했다
새로운 종교는 메카에서 용납되지 않아
박해를 피하여
서기 622년 7월 15일 메디나로 도망하니
이를 헤지라(Hegira : 聖遷)라고 하여
서기 622년은 이슬람의 원년이 되고 있다

사라센(Saracen)

메디나에서 포교에 성공한 마호메트는
서기 630년 메카를 탈환하고
우상숭배의 중심지 카바에 흑석(黑石)만 남기고
모두 추방하고 이슬람교의 신전이 되었다
마호메트는 스스로 재판관이 되어
알라신의 신정정치를 선포했다
632년 마호메트 사후 그의 계승자를
칼리프(Caliph)라 했다
칼리프는 정치·신앙상 이슬람세계에서
가장 높은 신분으로 첫째 사명은 이슬람을
전파하고 영토를 넓히는 것이다
칼리프들은 아라비아는 물론 서남아시아
북아프리카를 정복하고 다시 스페인까지
영토를 확장해 고대 로마제국에 버금가는
대제국을 건설했다
이를 '사라센제국'이라 했다

사라센은 '사막의 아들'이란 뜻으로
유럽인들이 붙인 이름이라지만
후일 동서로 나뉘어
동쪽은 바그다드를 수도로 상업과 문화를

고도로 발전시켰으며
서쪽 사라센의 수도는 스페인 코로나도로
사라센제국은 이집트·메소포타미아·페르시아의
문화와 그리스·로마문화가 남아있는 지중해와
멀리는 당나라·인도까지도 왕래
이렇듯 사라센제국에는 여러 가지 문화가 모여들어
서로 어울리면서 우수한 문화를 탄생시켰다
동과 서로 갈라져 있던 사라센제국
동제국은 셀주크 터키인이 지배했으며
이들은 유럽인들의 예루살렘 성지 순례를 방해하니
1095년 십자군전쟁이 일어나
200여 년간 다투게 되었다
동제국 셀주크 터키는 13세기 몽고인에게
멸망하고 서제국 셀주크 터키는 15세기
스페인에게 망했다

서남아시아에서 이슬람교를 믿었던
오스만 터키는 세력을 소아시아를 중심으로
유럽의 발칸반도까지 뻗고
1453년 동로마제국의 수도
콘스탄티노플(이스탄불)까지 공격하여
동로마제국을 패망시켰다

베두인(Bedouin)

사막에 사는 사람 베두인
아라비아 사투리로 낙타를 몰며 사막에서
유목하는 아랍 사람이다
사우디아라비아 주민은 셈어족의 후예로
도시주민·농경주민·반농경주민·유목민으로
나뉘는데 유목민은 베두인의 태반이다

베두인은 출신지에 따라 여러 부족을 형성
양과 낙타를 기르며 사는 초원의 주인이다
근래 석유산업의 발달로 정착하려는 이들을
사우디 정부에서도 행정지도로써
정착화에 힘쓰고 있지만
베두인은 광야의 도둑으로 알려져 왔다
약탈이란 베두인에게 있어서 악(惡)이
아니라 약탈문화였다
가혹한 자연 속에서 약탈하고 죽이는 일은
낭만이고 순리일 수도 있다는 베두인들
사우디아라비아 초대왕 이븐 사우드(Ibn Saud :
1880-1963)가 나라를 통일하고 건국할 때까지
약탈전쟁은 그들 사회의 일상사였다

그들에게 베두인 이외의 인간은 약탈대상일
수밖에 없었으니 옛날부터 마을 주민들은
베두인을 야수로 메카의 상인들은
그들을 악마로 비유했다
전통적으로 나쁜 이 습성을 뿌리 뽑은
이븐 사우드 왕은 약탈자는 모조리 공개 처형했다
기원전 1700년경 함무라비법전의
동형복수법 '눈에는 눈'으로 보복을 했다
현대 법정신으로는 이해가 되지 않는
할라스광장 처형대는 서슴없이 해내고 있었고
지금은 사우디의 관광명소가 되었다
이븐 사우드 왕은 영국의 걸프석유회사로
넘어갔던 석유 이권을 1933년에
미국 켈리포니아 스텐더드 석유회사로 넘겼다
사우드 왕을 철면피한 사람으로 본 영국인들을 향해
무례한 아라비아 정책에 복수의 기회를
노리던 이븐 사우드 왕이 석유의 이권을
미국에게 넘겨준 것은 이라크·바레인에 이어
영국의 석유지배권을 뒤흔든 사건이었다
사우디아라비아의 석유가 세계시장에
처음으로 모습을 드러낸 것은 1939년 5월
제2차세계대전 발발 3개월 전이다
캘리포니아 스탠더드 석유회사는 2차대전
중이던 1943년 8월 캘리포니아 아라비아
스탠더드 석유회사를 실립했는데

현재 사우디아라비아의 이권을 독차지한
아라비안 아메리칸 석유회사 아람코(ARAMCO)다
이에 대해 루스벨트 정권의 내무부장관
해롤드 이키스는 미국 의회에서 켈리포니아
스텐더드 석유회사가 5만 달러로 아라비아
석유 이권을 사들인 것은 금세기에 있어서
가장 훌륭한 거래라고 평가할 정도였다

세월

경제개발이 시작되던 1960년대
북창동에서 시작한 공인회계사 사무실
소공동을 거쳐 명동·내자동·태평로·남산동·서초동·여의도 63빌딩
그리고 한화증권 빌딩으로 옮겨 다니는 가운데
중동출장의 기회가 주어져
중동 오리엔트 역사에 대한 관심을 가지게 되었다
이웃 나라인 그리스·로마·이스탄불 등으로
관광을 다니면서 세계사에 이르게 되었고
그러다가 한국사에 정착하면서
21세기 새천년을 맞이하게 되었다
세월은 멈추지 않고 이렇게 흘러간다
나에게는 감사하고 축복받은 세월이었다

오아시스

햇볕과 모래벌판이 전부인 사막엔
오아시스가 있었다
야자수 그늘·샘물이 흐르는 곳
사람들은 그곳을 찾아다녔다
낙타와 베두인이 득실거리던 사막
인류문화의 산실
서양 사람들은 이를 오리엔트라 했다
사막 건설현장에서 땀 흘리던
우리 경제의 역군들이 있었기에
외화획득·국위선양이 가능했을 것이다
석유가 쏟아지는 중동 땅이라
지금은 오아시스가 없다
오아시스는 사막에서 사라져간다
사람들 마음속에 오아시스라는 게 없으니까
그러나 중동 땅은 나에게는 아직도
오아시스로 남아있다

러시아 정교

분열을 거듭하던 키에프 공국(公國)이
13세기 들어와 칭기즈칸의 몽고군에
정복당하면서 러시아의 대부분은
몽고인의 킵차크한국(汗國)에 예속되었다
정복사업에 이골이 난 몽고인이지만
정복지 통치력은 미약했다
그래서 러시아인 본래의 정치체제는
그대로 유지될 수 있었다
몽고인 지배하의
노보고로드 공국(公國)
수즈달리 공국(公國)이 세력을 확장
14세기 들어와 수즈달리 공국에서 독립한
모스크바 공국(公國)이 러시아를 통일했다

모스크바의 출발은 12세기경 볼가강의
지류인 모스크바강 유역에 산림을 개간하고
작은 마을이 생기면서 귀족이 생겨나고
마을을 목책으로 둘러싸게 되었다
사람들은 성채를 가리켜 크레믈린이라 했다
크레믈린은 지배자의 거상이라는 뜻이다
14세기에 들어와 모스크바는

모스크바 공국의 중심도시로 발전하였다
황제 이반 1세(1328-1341)는
주군(主君) 킵차크한국(汗國)으로부터
징세대행권(徵稅代行權)을 부여받아
돈을 끌어들여 칼리타(돈주머니)란 별명을
붙여 '이반 칼리타'라고도 했다

이반 칼리타시대로부터 120년이 지난
이반 3세(1462-1505) 때 크렘린의
목책을 헐고 성벽을 쌓았다
성문·성벽·궁전·사원·탑 같은 것은
이탈리아 건축기사의 협조로 이뤄졌다
크렘린은 불과 20여 년 사이에
새로운 모습으로 발전하였다
조선 제9대왕 성종(成宗 : 1469-1494)이
13세의 어린 나이로 등극할 즈음의 일이다
세조의 왕비 정희대비 윤씨 52세
성종의 생모 소혜왕후(인수대비) 한씨 33세
예종의 계비인 20대 초반의 안순왕후 등
과부들의 왕실에서
정희대비 윤씨가 섭정(攝政)을 할 때였다

이반 3세는 크렘린을 재건한 황제로
15세기 말 킵차크에서 이탈
모스크바 공국(公國)을 독립시켰고

말년에는 러시아를 통일하고
'차르 러시아황제' 칭호를 사용하였다
차르 황제는 1453년 동로마제국의 최후
방어전에서 전사한 콘스타티누스 11세 황제의
조카딸 소피아와 결혼하고
자기가 동로마 황제 후계자라 주장했다
동로마 황제의 독수리 문장을 사용하면서
모스크바는 그리스정교(러시아정교)의
중심(제3의 로마) 구실을 했고
비잔틴(동로마) 문화가 북상해 러시아 문화에
큰 영향을 주게 되었지만
크렘린궁 역사는 우리나라 경복궁의 역사보다
약 100년 짧다는 것을 알 수 있다

대한민국 어디로

문재인 대통령의 지지율은
2017년 5월 취임 직후 84.1%였다
비교적 탄탄했던 지지율은 2019년
8월 시작된 '조국(曺國)사태'를 기점으로 흔들렸고
예기치 못한 코로나19 발발
초기대응 효과로 2020년 봄 60%대로
지지율을 끌어올렸지만
부동산정책의 실패와 윤석열 검찰총장을
잡겠다고 내세운 추미애 법무부장관의 행보가
대통령의 발목을 잡아 대통령의
국정수행 부정평가가 처음으로 60%를 넘었고
긍정평가는 35,1%로 최저치를 기록했다
그러나 아직 1년이 더 남아있고
무력(無力)하고 분열(分列)된 야권(野圈) 덕(德)으로
기회는 있다고 한다

오스만 터키 황금시대

1453년 동로마제국을 멸망시키고
1475년 크림반도를 합병한 오스만터키
제10대 술탄 슬레이만 1세(1520-1566)
때에 발칸반도를 공격해
벨그라드·부다페스트·로스도·바그다드·
오스트리아의 빈에 진격 영토를 확장하고
20여 타민족을 세력권 밑에 두게 되었다
슬레이만 1세는 전 지역의 행정구역을 새로 만들고
봉건제도·교육제도·법률제도를 확립하여
문학과 예술을 진흥시켰다
당대에 많은 시인·역사가·법학자·과학자·건축가 등을 배출해
유럽인에게 '화려한 황제'로
터키인에게는 '법을 만드는 황제'로
이때가 오스만 터키 황금시대로 기억된다
조선왕조 제11대 중종(中宗 : 1506-1544)
으로부터 인종·명종시대에 해당하며
조광조가 죽고 대윤(大尹)·소윤(小尹)이
대립하면서 나라가 어지러울 때였다

이 무렵 그리스도교는 로마제국의 국교가 되면서

로마에 총본산을 두고 전 세계 교회를
통제하는 한편 법왕(法王)이 절대권을 쥐고
지배하면서 법왕과 교회는
그 권위로서 세속적인 권력을 휘둘렀다
1513년에 교황이 된 레오 10세는 학예와
미술을 애호한 전형적 르네상스풍의
교황으로써 많은 학자와 문인·예술가를
신변에 모아들여 로마의 문화적 번영을
가져오게 하였는가 하면
레오 10세의 사치한 생활은 교황청의 재정
궁핍을 초래해 베드로성당 건립을 위해
판매한 면죄부(免罪符)는 종교개혁의
직접적인 계기가 되었다
종교개혁은 1천 년간 유럽문화를 지배해온
중세교회의 통일에 마침표를 찍고 세속적인
근대적 발전을 촉진시키기에 이르렀다
교회가 부패하자 1517년 10월 31일
독일의 신학자 루터(Luther Martin : 1483-
1546)가 95개의 의견서를 발표하고
교회개혁을 주장하면서 교황에게 반기를 들었다
개혁파는 로마의 카톨릭교회에서 분리돼
이때부터 카톨릭교회를 구교(舊敎)라 하고
개혁파를 신교(新敎 : 프로테스턴트) 또는
개신교(改新敎)라 부르게 되었다
이런 종교개혁을 정치적으로 발전시킨 것이

영국의 청교도혁명(淸敎徒革命)이다

그 후 경제기반이 취약했던 이탈리아는
제1차 세계대전 중 막대한 외채로
인플레이와 실업으로 사회적인 불안이 점증하던 중
1919년에 무솔리니(Mussolini : 1883-1945)의
파시스트당이 결성되었다
무솔리니는 젊어서는 사회주의자로서
과격한 사회주의 혁명을 주장했으나
목표는 정권장악이었다
파시스트당은 미미한 집단으로 출발했다
사회당의 이탈자·제대군인·소시민층을 규합하여
점차로 모든 계층의 청년들이 광범위하게 참가
1921년 당원이 10만 명에 이르고
22년에는 30만 명이 됐다
폭동과 테러행위를 일삼는 파시스트들은
공산주의자·사회주의자·노동운동지도자·
반파시스트 정치가들을 공격·살해하였다
1922년 10월에 군대와 경찰의 묵인 하에
파시스트는 '로마 진군'을 감행하였다
그 위세에 눌린 국왕 에마뉴엘 3세(1900-1947)는
무솔리니에게 조각(組閣)을 위촉했다
이를 계기로 1당 독제체제를 수립한
파시스트의 이데올로기의 주된 내용은
파시스트의 독재·국가시상주의·군국주의·팽창주의였다

파시스트당이 대표하는 이탈리아국가는
강력하고 위대해야 하며
팽창하지 않는 국가는 쇠퇴하고 멸망하며
전쟁은 인간을 위대하게 만든다고 주장하는 파시스트는
1870년 이탈리아 통일 이래 불화가 계속되던
로마교황청과 화해를 모색했다
그 결과 1929년 라테란조약을 체결하여
바티칸 도시국가(108에이커)의 완전한 독립을 승인하였다
가톨릭을 국교로 인정하는 대신 교황은
이탈리아 왕국을 승인하고
과거의 교회령을 포기하도록 하면서
'바티칸 도시국가'로 탄생해 오늘에 이르고 있다

신년초의 정가

문재인 대통령은 1월 11일 신년사에서
"주거문제의 어려움으로 낙심이 큰 국민들께는
매우 송구한 마음"이라고
부동산정책 실패에 대해 처음으로 사과했다
더불어민주당 이낙연 대표는 코로나19 속에서도
호황을 누린 기업이 이익의 일부를
자발적으로 내놓아 불평등을 줄이자고 해
야당은 "사회주의 경제를 연상케 한다"고 공격했다
국민의힘 김종인 비대위원장은 11일
안철수 국민의당과 통합을 주장하는
당내 일부 인사들을 향해
"3석짜리 당과? 콩가루 집안"이라 강하게 질책했다
김일성-김정일처럼 '총비서'에 오른
김정은 기사로 떠들썩한데
김정은이 총비서에 오르고 안 오르는 게
무엇이 달라지는데 그 야단들이람…

황금의 나라를 찾아

이베리아 반도의 스페인·포르투갈은
지중해 무역으로 이득을 챙기지 못하고 있었다
이들 두 나라는 이슬람권에서 벗어난 철저한
가톨릭 국가로서 이슬람인들의
재정복 위험을 받고 있는 터였고
유럽 다른 나라에 비해 일찍 통일국가를 이뤄
침입에 대비하였다
당시 영국이나 프랑스도 강력한 왕권이
확립되기는 하였으나 영국은 북해무역으로
프랑스는 지중해무역으로 어느 정도의 이익을
얻고 있었으므로 신항로 사업에 소극적이었다
신성로마제국(독일)의 한자도시들은
그럴 재력과 여력이 없었다
이탈리아의 사정도 복잡해 분열과 대립 외세의
개입으로 항해사업에 관심을 쏟을 힘이 없었다

이베리아의 두 왕국 스페인·포르투갈의
성립은 끊임없는 이슬람과의 투쟁
이슬람에 대한 적개심
이슬람을 타도하고 그리스도교를 전파하려는
염원이 가득했다

때마침 르네상스 시대에 접어들면서
팽창의 기운이 감돌아
새로운 것과 미지의 세계에 대한 호기심과
재정적인 부담을 초월해 도전하려는 모험정신이
밖으로 눈을 돌리게 하였다
이탈리아 출신 콜럼버스는
스페인 이사벨라 여왕과 계약을 체결하고
1492년 3척의 배와 120명의 선원을 지휘해
팔로스항을 출발했다
1502년까지 4회에 걸쳐 대서양을 횡단한 그는
아메리카에서 향료는 고사하고 황금덩어리
하나 얻지 못해 스페인왕실의 의심을 받아
투옥되는 수난 등 가난하게 살다가 죽었으니
1506년 연산군이 죽던 해였다

그 후 황금의 나라를 찾아
태평양 연안을 따라 잉카제국에 도착한
스페인 사람들을 가리켜 콘키스타도로라 했다
두 문명권을 정복한 콘키스타도르는
피사로·코르테스가 대표적 인물이다
이들은 극히 적은 수의 병력으로 극히
짧은 기간에 중남미 토착문명을 약탈 파괴하고
최초의 강대한 식민제국을 건설했다
멕시코·페루 등을 정복한 이들은 수도 쿠스코의
장러함을 보고 놀랐다

태양신전을 비롯해 유럽 어느 도시에
뒤지지 않은 석조 건축물
태양신전에서 봉사하는 신관·처녀들
신전 본당에 보석으로 새긴 두툼한 금판에
사람 모습의 태양신상은
아침 햇살을 받아 휘황찬란했다
은판에 새겨진 월신(月神)의 모습과 별도
신전의 뇌신(雷神)·성신(星神)의 제물을 담는
항아리와 그릇은 모두 금과 은으로 만들어져 있었다
문명인임을 자부하던 스페인 사람들
이들은 모조리 약탈하고 파괴하고
그 위에 교회를 세워
아즈텍 문명·잉카문명은 삽시간에
지구에서 사라져 버렸다

인디오

초기의 정복자들은
아즈택·잉카 제국의 금과 은을 탈취하다가
나중에는 금은광을 통째로 차지하고는
인디오의 비참한 노동이 시작되었다
반항하면 박탈당하거나 화형에 처해졌다
페루 방면도 사정은 같아
광산 노동의 과로와 낙반사고로 수없는
인디오들이 죽어갔다
광산 입구에는 시체와 까마귀 떼가 들끓고
반란을 일으킨 마을과 도시는 폐허가 됐다
인디오의 인구가 줄었다
신대륙의 은(銀)생산량이 세계 총생산량의
80%를 차지하였고 생산된 귀금속은
대선단을 구성 본국으로 반출되었으니
막대한 량의 귀금속이 스페인으로 운반되어 나갔다
왕실은 풍요로우나 인디오 노동력은 줄기만 하자
포르투갈 사람들로부터
아프리카의 흑인노예를 사들이기 시작했다

벌거벗은 임금님

문재인 대통령의 철벽 지지율 추락은 시간문제였다
문재인 대통령이 손대는 일마다 파열음을 냈다
소주성·최저임금·부동산·탈원전·검찰·외교·북핵에
이르기까지 민심은 등을 돌릴 수밖에 없었다
그 패착의 핵심은 인사실패다
야당의 동의 없이 강행한 장관급 임명이 26차례나 됐다
이런 정부에선 다양한 목소리가 나올 수 없다
김광두 국민경제자문회의 부의장이
'악마의 대변자' 역할을 했지만 투명인간 취급을
당하자 문 대통령 곁을 떠났다
그 뒤로 어떻게 됐나
빈부격차가 커지고 부동산이 아수라장이 되고
실업자가 쏟아져도
"우리 경제가 선방하고 있다"
"집값이 안정세를 보인다"
"최저임금 인상의 긍정적 효과가 90%"
라는 식의 '지록위마(指鹿爲馬) 정부가 되고 말았다
김현미 다음 변창흠 쓰고
조국·추미애를 거쳐 박범계로 돌려막는 인사로는
난국을 헤쳐 나갈 수 없다

집단사고에 갇히다 보니 K방역은 '국뽕'이 되었고
그러는 사이 교도소·요양병원은
'세월호'가 되고 말았다
서슬 퍼런 전두환·노태우 정부조차
경제는 전문가에게 맡겼다
탕평책을 외면하면
결국 '벌거벗은 임금'이 되고 만다고
중앙일보 김동호의 시시각각이 지적했다
2017년 5월 문 정권 출범 당시 떠돌던
백 번 듣는 것이 한 번 보는 것만 못하다는
백문불여일견!
百聞不如一見이 "百文不如一犬"으로
둔갑한 일이 떠오르고 있다

김여정의 독설

어느새 큰 정치인으로 성장한 김여정
2020년 3월 청와대를 향해
"겁먹은 개가 짖는다"고 했던 북한의
김정은 국무위원장의 동생 김여정이
2021년 1월 13일에는 북한열병식
감시활동을 한 우리 군에 대해
"이해하기 힘든 기괴한 족속들"
"세상사람 웃길 짓만 골라하는 특등 머저리들"이라고 했다
그래도 문재인 정부는
북한에 미련을 버리지 못하고 있는 것 같아
서글프다

박근혜 형확정

박근혜 전 대통령(69)이 2021년 1월 14일
국정농단과 국가정보원 특수활동비 상납사건으로
대법원에서 징역 20년과 벌금 180억 원과
추징금 35억 원을 선고한 원심을 확정했다
2020년 10월 수뢰혐의 등으로 징역 17년과
벌금 130억 원이 확정된 이명박 전 대통령(80)과
함께 사면법에 따라 사면 대상이 될 수 있다
같은 날(현지시간 13일) 도널드 트럼프
미국 대통령의 퇴임 1주일 앞두고 탄핵됐다
그의 지지자들이 워싱턴 국회의사당에 난입
폭력시위를 벌인지 1주일 만이다
트럼프 대통령은 2019년 12월 이른바
'우크라이나 스캔들'로 하원에서 탄핵한 바 있어
이번이 두 번째다
그러나 당시 공화당이 다수당이던
상원에서 부결된 바 있고
이번에도 상원의 의결이 남아있다

이재용 재수감

이재용 삼성전자 부회장(53)이
2021년 1월 18일 국정농단 사건 파기 환송심에서
2년 6개월 실형을 선고받고 법정 구속됐다
2020년 10월 이건희 회장 타계 이후
실질적 상징적 리더 역할을 해온
이재용 부회장의 구속으로
삼성그룹은 다시 총수 부재 위기를 맞게 됐다
전 세계를 무대로 한 글로벌 기업의 의사결정은
분초를 다툰다
삼성 같은 글로벌 기업에 총수 부재는 안타깝고
염려스러운 일이다

영국의 유력지 FT가
이재용 삼성전자 부회장 구속에 깊은 우려를 표시했다
4차 산업혁명의 생존경쟁 와중에
이 부회장이 다시 수감된 것은
삼성의 인공지능·자율주행차 같은
첨단 기술드라이브에 제동을 걸 수 있다면서다
그간 한국의 대기업을 재벌이라고 칭하면서
불투명한 지배구조를 비판해온

FT가 전문가 의견을 빌려
이런 우려를 표한 것은 이례적이다
그만큼 이재용 부회장의 구속은
파장이 크다는 의미다
현실은 암울하다
삼성 개별 기업을 넘어 국익 손실도
막대해지고 있기 때문이다

이날 문재인 대통령은 청와대 춘추관에서
123분간 열린 신년 기자회견에서
코로나19로 수혜를 본 기업들에 대해
"그런 기업들이 출연해 기금을 만들어
코로나 때문에 고통 받는 소상공인·자영업자
고용취약계층을 도울 수 있다면
대단히 좋은 일"이라고 말했다
더불어민주당 이낙연 대표가 제안한
'이익공유제'의 취지대로 가업이 자발적으로
기금을 만들면 정부가 인센티브를 부여하겠다고 밝히고
이명박·박근혜 전 대통령 사면 논의에 대해서는
"지금 사면을 말할 때가 아니다"라고 선을 그었다

국민의힘 김은혜 대변인은
"대통령이 하고 싶은 말로 채운 허무한 120분이었다
이럴 거면 왜 회견을 했느냐"고 했다

중앙일보 사설은
“대통령 신년 기자회견은 듣고 난 뒤
국정현안에 대한 궁금증이 더 커지는
기존 패턴의 되풀이였다
‘유례없는 온·오프라인회견’이란 홍보에도
불구하고 비본질적인 단답형 질문이 이어지고
대통령은 하고 싶은 말만 했던 과거 기억을
많은 국민이 떠올렸다”고 했다

세월호 수사 종결

세월호 특별수사단이 세월호 참사와 관련
수사외압·불법사찰의혹이 제기됐던
박근혜 전 대통령·김기춘 전 비서실장
황교안 전 법무부장관 등을 무혐의 처분했다
특수단은 사건발생 6년 9개월
특수단 구성 1년 2개월 만인 1월 19일
이런 내용을 골자로 하는 최종 수사결과를 발표했다
특수단은 네 차례의 검찰수사에도 불구
세월호 관련 의혹이 가시지 않자
2019년 11월 윤석열 검찰총장 직속으로 만든 조직이다

세월호 참사는 박근혜 정부 때인
2014년 4월 16일 발생해 실종자 5명을 포함해
모두 304명이 희생됐다
모든 국민이 아파했던 참사였기에 그동안
진상규명을 위한 노력을 수없이 진행했다
참사 직후 검찰 수사·국회 국정조사·감사원 감사·해양안전심판원 조사·특별조사위 조사·사참위 조사 등의
진상규명 노력이 있었고
이번 특수단 수사까지 모두 8차례 수사와 조사를

통해

진실은 거의 다 가려냈다는
게 법조계의 대체적인 시각이다
세월호 참사는
한국사회의 안전불감증을 뼈저리게 반성하고
법과 제도를 바로잡아
유사한 비극이 되풀이 되지 않도록 하는 것이
가장 올바른 대응이 될 것이다
세월호 교훈을 잊지 말되
안전문제의 정치화에는
마침표를 찍어야 할 때가 되었다는 의견들이다

바이든 대통령 취임

2021년 1월 20일조 바이든(79)이
제46대 미국 대통령으로 취임했다
30세 나이로 최연소 상원의원 기록을 썼던
그는 최고령 미국 대통령이 됐다
바이든 대통령은 '미국이 돌아왔다'는
선언과 함께 미국 글로벌 영향력 회복을 이끌
'바이든호'의 출범을 세계에 알렸다
최대 200만 명의 인파가 몰렸던
기존의 대통령 취임식과 달리 이날 취임식은
최근 시위대의 의회 난입 사태와
코로나19 확산 방지를 위해 정부 인사
1000명만 참석했고 트럼프 대통령은
취임식에 참석하지 않았다
엔드루스 공군기지 고별 연설에서
"다시 돌아오겠다"고 말한 트럼프는
후임 대통령 취임식에 참석하지 않았을 뿐 아니라
'핵가방'도 직접 전달되지 않는
초유의 사태가 벌어졌다

김제방 출판도서 연보

수필집(여름사 · 지문사 · 행림출판)

1988년 인간적인 것이 그립다
1989년 빌딩숲에 매달린 고슴도치
1991년 어느 여름밤의 방황
1992년 물꼬를 터가는 사람들
1993년 사도세자 압구정역 하차
　　　비에 젖은 남치맛자락
1994년 둥지를 찾아 헤매는 텃새
1996년 호박이 넝쿨째 굴렀네
　　　목화꽃이 필 무렵

시집(지문사 · 한솜)

1998년 이집트로 가는 길
1999년 오아시스로 가는 길
2000년 베이징으로 가는 길
2001년 긴 만남 짧은 이야기
　　　왕건의 나라
　　　장하다 홍국영
2003년 흥선대원군·명성황후
2004년 고종황제의 최후
2005년 이승만과 김구의 대좌
2006년 박통의 그늘
　　　세종대왕의 실수
2007년 불타는 창덕궁

김제방 출판도서 연보

역사서(문학공원)

2009년 한국근현대사
2010년 한국중고대사
2011년 조선왕조사
한국민주화역사
2013년 성공한국사
2015년 한국현대사 1
한국현대사 2
한국현대사 3
2016년 한국현대사 4
2017년 한국현대사 5
한국현대사 6
2018년 세계사와 함께 읽는 재미있는 韓國史

역사서사시집(문학공원)

2018년 우면산 돌담불
2019년 한강의 기적
5·16혁명
2020년 박정희 황금시대
문재인 적폐시대
이승만 건국시대
전두환 오판시대
2021년 코로나 비상시대
흔들린 민주주의

김제방 시집
흔들린 민주주의

초판발행일 2021년 5월 28일

지은이 : 김제방
발행인 : 김순진
편집장 : 전하라
디자인 : 김초롱
펴낸곳 : 도서출판 문학공원
등 록 : 2004년 3월 9일 제6-706호
주 소 : 우편번호 03382 서울 은평구 통일로 633
녹번오피스텔 501호 스토리문학사
전 화 : 02-2234-1666
팩 스 : 02-2236-1666
홈페이지 : http://cafe.daum.net/yob51
이메일 : 4615562@hanmail.net

※ 책값은 뒤표지에 있습니다.
※ 저자와의 협의에 의해, 인지는 생략합니다.